AF555101

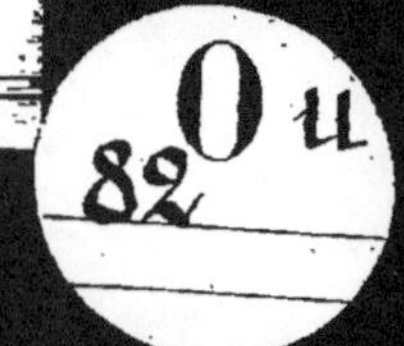
82 0 u

RAPPORT

DE

Son Excellence M. le Ministre des Finances du Portugal

MANUEL AFFONSO DE ESPREGUEIRA

Présenté aux Cortès le 16 Mars 1899

PARIS
IMPRIMERIE ET LIBRAIRIE CENTRALES DES CHEMINS DE FER
IMPRIMERIE CHAIX
SOCIÉTÉ ANONYME AU CAPITAL DE TROIS MILLIONS
Rue Bergère, 20
1899

RAPPORT

DE

Son Excellence M. le Ministre des Finances du Portugal

MANUEL AFFONSO DE ESPREGUEIRA

Présenté aux Cortès le 16 Mars 1899

PARIS
IMPRIMERIE ET LIBRAIRIE CENTRALES DES CHEMINS DE FER
IMPRIMERIE CHAIX
SOCIÉTÉ ANONYME AU CAPITAL DE TROIS MILLIONS
Rue Bergère, 20
1899

RAPPORT

DE

SON EXCELLENCE LE MINISTRE DES FINANCES

Présenté aux Cortès à la Séance du 16 Mars 1899.

Messieurs,

Lorsque, le 3 septembre dernier, je pris la gestion du portefeuille des finances, je tâchai tout d'abord de prendre pleine connaissance de l'importance et de la nature des charges qui pesaient le plus immédiatement sur le Trésor, aussi bien que de la situation des marchés de Lisbonne et d'Oporto, où se produisaient des faits qui exigeaient la plus grande attention.

Il en était de même dans quelques-unes des îles des Açores, parce que les principales fabriques d'alcool de cette région se trouvaient dans l'impossibilité de commencer la fabrication par manque des ressources que la Banque de Portugal et quelques autres établissements de Lisbonne avaient coutume de leur fournir pour se procurer chez les fermiers la matière première de la fabrication.

Ces établissements alléguaient que la diminution de la quantité de numéraire disponible pour faire face au mouvement commercial et industriel des marchés de Lisbonne et d'Oporto les obligeait à refuser, pendant cette année, l'aide qu'ils avaient toujours accordée dans ce but, et le gouvernement ne pouvait pas accepter la création, qui lui était proposée, d'une série spéciale pour les Açores de billets inconvertibles de la Banque de Portugal, parce que, outre le manque d'autorisation légale pour cette nouvelle émission, il ne convenait pas de mettre en circulation dans cet archipel, en même temps que des billets payables à vue, qui y existent, d'autres billets de nature différente, quoique des mêmes types et de la même valeur nominale.

Ainsi, à cette époque, les difficultés financières momentanées du Trésor s'accroissaient de celles des marchés de Lisbonne et d'Oporto et de celles des îles principales des Açores, et de toute part on recourait à l'État, sans considérer que de grandes responsabilités étaient également à sa charge, responsabilités provenant presque exclusivement de la diminution temporaire de quelques-unes des principales recettes publiques et de l'aggravation de la perte sur le change, qui, au mois de mai dernier, s'éleva à plus de 90 0/0.

Par conséquent, à cette époque, la situation financière du trésor se présentait assez difficile. Pour l'améliorer, j'étais obligé d'avoir recours immédiat à des opérations de trésorerie, qui me permirent de faire face avec régularité à toutes les charges publiques, sans diminuer le numéraire disponible de la Banque de Portugal, destiné à l'escompte et aux opérations commerciales de Lisbonne et d'Oporto, que dans l'intérêt public il était utile de ne pas restreindre, mais de rendre, au contraire, le plus faciles possible.

J'ai réussi également à prêter aux fabriques des Açores l'aide dont elles avaient absolument besoin, sans le moindre risque ou préjudice pour l'État, ce qui a été un grand bienfait pour les propriétaires de ces régions, lesquels, sans cette intervention du gouvernement, auraient vu dépérir la plus importante culture de ces îles, au détriment énorme du grand nombre de leurs habitants les plus laborieux.

Toutes ces difficultés furent heureusement vaincues, et à la fin de l'année 1898 il y avait une amélioration bien prononcée dans notre situation financière, sans que le gouvernement eût été obligé d'avoir recours à l'expédient extrême d'augmenter la circulation fiduciaire de la Banque de Portugal, ce qui, de l'avis de plusieurs personnes compétentes, était le seul moyen de conjurer la crise sérieuse qu'on redoutait.

Convaincu, comme je l'étais, que cet expédient, que je considérais alors comme nuisible et même dangereux dans ses conséquences, ne devrait être adopté que dans le cas où toutes les ressources à la portée du gouvernement auraient été épuisées, j'ai réussi, avec le concours efficace du gouvernement, à faire face à toutes les responsabilités du Trésor, sans entraver ou plutôt en rendant plus facile l'action de la Banque de Portugal pour subvenir, comme il était si nécessaire, aux besoins les plus urgents du mouvement commercial et manufacturier de Lisbonne et plus spécialement d'Oporto.

Le montant des escomptes réalisés dans les banques de ces villes, et qui, à la fin septembre s'élevait à 28:306 contos de reis, s'était abaissé jusqu'à 26:059 contos de reis pendant le mois d'octobre, et malgré cela, les dépôts qui s'étaient élevés en septembre au chiffre de 18:650 contos de reis, ne s'abaissèrent qu'à 18:628 contos de reis.

Il est vrai que le montant des dépôts au mois de juin 1898 était de 21:238 contos de reis, mais ce chiffre était le plus élevé de l'année, et fort supérieur au normal, attendu que pendant les premiers cinq mois le montant des dépôts a varié entre 17:091 contos de reis en février et 19:257 contos de reis en mai.

Au mois d'août, le maximum des escomptes a été de 28:333 contos de reis, et le minimum de 23:898 contos de reis en février.

A la fin décembre le portefeuille commercial des banques de Lisbonne et d'Oporto s'élevait à 26:338 contos de reis, chiffre supérieur à celui des mois antérieurs à juillet. Les dépôts représentaient alors 19:584 contos de reis, somme supérieure à celles des mois antérieurs à juin et postérieurs à août.

C'est à la Banque de Portugal et à toutes les banques de Lisbonne que se sont produites les plus fortes variations du montant des escomptes. Ce compte accusait en février 20:314 contos de reis, minimum de l'année, et le maximum de 24:654 contos de reis en septembre, tandis que les dépôts avaient déjà diminué pendant ce mois-là jusqu'au chiffre de 14:013 contos de reis. Aux banques d'Oporto le montant des escomptes a varié de 3:354 contos de reis en mars à 3:855 contos de reis en juillet, et celui des dépôts de 4:482 contos de reis, aussi au mois de mars, à 4:827 contos de reis en novembre.

Le mouvement de la succursale de la Banque de Portugal à Oporto se trouve compris dans celui du siège de la Banque, ce qui explique les difficultés que le commerce d'Oporto a éprouvées pendant cette période, et démontre que le mouvement des banques de cette ville semble avoir été régulier.

En examinant le mouvement du compte de dépôts au Mont-de-Piété Général et à la Caisse d'épargne, mouvement qui donne toujours une idée sûre de la condition financière du marché de Lisbonne, on voit que depuis janvier 1898 le montant de ces dépôts a augmenté presque constamment pour atteindre le maximum de 12:660 contos de reis au mois d'août, et diminué jusqu'à 12:499 contos de reis en octobre, chiffre beaucoup plus élevé que celui de janvier, alors que ces dépôts n'atteignaient que 11:671 contos de reis. Le chiffre en dépôt au mois d'octobre était également supérieur à la moyenne de l'année, parce que cette dernière n'excédait pas 12:194 contos de reis.

En décembre, la totalité des dépôts dans les deux établissements susmentionnés était de 12:789 contos de reis.

Si l'on considère le Mont-de-Piété Général, à l'exclusion de la Caisse d'épargne, on voit que la diminution des dépôts au mois d'octobre a eu lieu, dans sa totalité, dans le premier de ces établissements, parce qu'il y avait toujours eu à la Caisse d'épargne une augmentation depuis le mois de mai. Le montant des dépôts dans cet établissement-ci, en mai, qui représentait le minimum de l'année, était de 2:720 contos de reis, après avoir été de 2:844 contos de reis en janvier. Au mois d'octobre il s'est élevé à 2:945 contos de reis, en novembre à 3:047 contos de reis, en décembre à 3:077 contos de reis. La moyenne de l'année a été de 2:887 contos de reis ; elle est inférieure au chiffre du mois d'octobre, pendant lequel la crise des escomptes a eu lieu.

En réunissant les dépôts effectués dans tous les établissements dont je viens de parler, on obtient les résultats suivants :

Montant à la fin		Janvier 1898...	28:966	contos	de reis.
—	—	Août 1898...	32:436	—	—
—	—	Septembre 1898...	31:298	—	—
—	—	Octobre 1898...	31:127	—	—
—	—	Novembre 1898...	31:165	—	—
—	—	Décembre 1898...	32:373	—	—
Moyenne mensuelle de l'année 1898			31:310	—	—

On voit que la moyenne mensuelle est au-dessous du montant des dépôts pendant les mois de septembre et d'octobre. En outre, la diminution qu'ils ont subie pendant ces mois, comme il arrive presque toujours à cette époque de l'année, doit être attribuée en grande partie plutôt aux besoins réguliers du commerce pour l'achat de produits nationaux, qui exige de nombreuses remises de numéraire aux marchés provinciaux, qu'à des causes anormales qui exigeraient l'adoption de mesures promptes et extraordinaires.

Il n'y avait donc pas, de ce chef, des raisons plausibles qui pussent justifier les réclamations urgentes, adressées au gouvernement par l'Association Commerciale de Lisbonne, pour l'augmentation de la circulation fiduciaire de la Banque de Portugal.

Le montant des traites sur l'étranger est beaucoup plus élevé dans les banques de Lisbonne que dans celles d'Oporto, atteignant le chiffre maximum de 3:030 contos de reis en septembre, tandis que dans les banques d'Oporto il n'était que de 510 contos de reis en août, s'abaissant ensuite jusqu'à 167 contos de reis en novembre. Ceci explique peut-être dans une certaine mesure ce qui a eu lieu sur les deux principaux marchés du pays.

Les faits anormaux, qui se sont produits pendant cette période, n'ont pas empêché toutefois l'amélioration des changes qui s'est accentuée depuis le mois de juillet, alors que le taux moyen sur Londres était de 29 1/4, après le minimum de 28, qui s'était produit en mai, comme je l'ai fait remarquer.

Pendant les derniers mois de l'année, le change a oscillé entre 37 1/4 et 37 3/4.

Le mouvement commercial et industriel, momentanément troublé, s'est régularisé successivement, et l'amélioration du change est venue également en aide au public et au Trésor par la diminution des frais qui en est résultée dans les paiements en or à effectuer à l'étranger.

Plusieurs causes ont contribué à ces résultats, comme je l'expliquerai plus loin ; mais comme les faits auxquels j'ai fait allusion ont fort occupé l'attention du public pendant assez longtemps, et exigé que le gouvernement prit les résolutions immédiates que les circonstances réclamaient avec urgence, il m'a paru convenable de donner tout d'abord quelques explications à cet égard, tout en me réservant de traiter de nouveau, dans le cours de ce travail, quelques-uns de ces sujets, dont la nature exige une attention plus spéciale et plus soutenue.

Avant toute autre chose, je vais faire une exposition fidèle et résumée de l'état des finances publiques, auquel se rattachent les plus chers intérêts nationaux. Je m'occuperai ensuite de la situation commerciale et économique du pays. Enfin, je justifierai les mesures, qu'à mon avis il convient encore de prendre, outre celles qui ont été déjà adoptées, pour améliorer la situation financière du pays.

SITUATION FINANCIÈRE

Je vais comparer les résultats des gestions des trois dernières années économiques, attendu que les comptes des exercices respectifs ne sont pas encore arrêtés ; mais pour qu'on puisse mieux les apprécier, j'en exclus ce qui a rapport, dans chacune des gestions, aux opérations complémentaires des exercices précédents, ainsi que les intérêts des titres de la dette publique en portefeuille au Trésor et l'impôt correspondant sur le revenu.

Gestions.

Les tableaux qui suivent présentent les recettes et les dépenses des exercices.

	1895-1896	1896-1897	1897-1898	Différences de 1897-1898 par rapport à	
				1895-1896	1896-1897
Recettes perçues.					
Ordinaires :					
Impôts directs...	8,711:378$389	8,348:097$401	8,568:771$457	— 142:606$932	+ 220:674$056
Timbre et enregistrement...	4,586:324$079	4,874:765$840	5,094:462$034	+ 508:137$955	+ 219:696$194
Impôts indirects	26,060:679$269	23,286:274$684	22,271:372$578	— 3.789:306$691	— 1,014:902$106
Impôts additionnels...	793:399$270	798:674$090	844:960$486	+ 51:561$216	+ 46:286$396
Domaines nationaux et revenus divers ...	4,310:601$913	4,901:441$906	4,788:166$934	+ 477:565$021	— 113:274$972
Compensations de dépenses	323:229$670	320:702$595	646:339$985	+ 323:110$315	+ 325:637$390
Total	44,785:612$590	42,529:956$516	42,214:073$474	— 2,571:539$116	— 315:883$042
Extraordinaires...	27$649	1,018:094$949	4,011:853$321	+ 4,011:825$672	— 2,993:758$372
Total	44.785:640$239	43,548:051$465	46,225:926$795	1,440:286$556	2,677:875$330
Dépenses payées et portées en compte.					
Ordinaires :					
Charges générales	7,359:234$413	8,154:888$693	8,664:471$022	+ 1,305:236$609	+ 509:582$329
Dette publique consolidée	11,555:513$394	12,484:093$844	12,269:106$305	+ 713:592$911	— 214:987$539
Différences de change	5:182$031	12:634$822	193:870$782	+ 188:688$751	+ 181:235$960
Caisse générale des dépôts	41:219$526	49:883$708	49:767$576	+ 8:548$050	— 116$132
Service des ministères	19,275:507$352	21,150:972$820	20,180:371$576	+ 904:864$224	— 970:601$244
Total	38,236:656$716	41,852:473$887	41,357:587$261	+ 3,120:930$545	— 494:886$626
Extraordinaires	4,226:413$788	5,340:122$289	3,611:426$888	— 614:986$900	— 1,728:695$401
Total	42.463:070$504	47,192:596$176	44.969:014$149	+ 2,505:943$645	— 2,223:582$027
Déficit	$	3,644:544$711	$	$	$
Solde...	2,322:569$735	$	1,256:912$646	$	$

Des recettes totales, déduction a été faite des articles suivants appartenant aux exercices antérieurs :

	Gestions		
	De 1895-1896	De 1896-1897	De 1897-1898
Recettes ordinaires	3.855:194$380	3,035:[illegible]	3,[illegible]8:161$790
Recettes extraordinaires ...	1,109:014$651	—$—	—$—
Intérêts des titres en portefeuille au trésor	2,466:396$265	2.596:369$357	2,373:920$360
Impôt correspondant sur le revenu	1.065:936$556	1.089:141$577	1.067:094$467
Total ...	8.43[illegible]:541$[illegible]52	7.230:850$747	6,889:176$617

Outre les dépenses totales indiquées ci dessus et dans lesquelles ne sont pas compris les titres en portefeuille, il a encore été dépensé pour le compte des exercices antérieurs :

Pendant la gestion	1895-1896	8,653:458$932
— —	1896-1897	7,476:441$188
— —	1897-1898	9,427:114$533

Il résulte de ces chiffres :

1° Que les recettes ordinaires de la première partie de l'exercice ont été en 1897-1898 inférieures de 315:883$042 reis à celles de même provenance en 1896-1897 ; et que les dépenses également relatives à la première partie de l'exercice étaient inférieures de 2,223:582$027 reis, dont 494:886$626 pour les dépenses ordinaires et 1,728:695$401 reis pour les extraordinaires.

2° Que pendant la gestion 1897-1898, la perception des recettes ordinaires appartenant à l'exercice antérieur a été de moins 187:178$023 reis qu'en 1896-1897, et de moins 407:032$590 reis que celle de 1895-1896, provenant également de l'exercice précédent. Pendant cette dernière gestion il y eut, en outre, une recette extraordinaire de 1,109:014$651 reis qui appartenait à des exercices antérieurs.

3° Que pendant la gestion 1897-1898, il a été effectué, pour le compte de l'exercice de l'année financière antérieure, des dépenses dépassant de 1,950:673$345 reis et de 773:655$601 reis celles de même provenance payées pendant les gestions 1896-1897 et 1895-1896.

4° Que, de cette combinaison de circonstances, il est résulté pour la gestion 1897-1898 que l'équilibre a été rompu par une augmentation de 2,137:840$368 reis, et de 1,180:688$131 reis par rapport aux gestions de 1896-1897 et de 1895-1896.

5° Que, sans tenir compte des ressources extraordinaires, le déficit entre les recettes et les dépenses de la première partie des exercices aurait été en 1896-1897 de 4,662:639$660 reis, et de 2,754:940$675 reis en 1897-1898, et qu'il y a eu par conséquent une réduction considérable dans l'écart de la dernière année.

On voit aussi que pendant cette gestion, la dépression du revenu des impôts indirects a continué, quoique sur une moindre échelle, le produit en ayant été moindre de 1,014:902$106 reis qu'en 1896-1897, et de 3,789:306$691 reis qu'en 1895-1896, ce qui provient principalement de la diminution des recettes des douanes. Les domaines nationaux et les revenus divers ont produit également 113:274$972 reis de moins en 1897-1898 que pendant la gestion précédente. Ces recettes sont, par leur nature même, perçues en grande partie pendant la gestion à laquelle elles ont rapport, et il en découle, par conséquent, que la perception des autres impôts et revenus a été plus active et plus productive.

Si nous comparons les deux dernières gestions, à la seule exclusion des intérêts des titres en portefeuille et de l'impôt corrélatif sur le revenu, nous arrivons aux résultats suivants :

RECETTES PERÇUES

	1896-1897	1897-1898		Différences de 1897-1898
Ordinaires :				
Impôts directs	10,416:223$285	10,885:449$829	+	469:226$544
Timbre et enregistrement...	5,192:148$864	5,322:242$321	+	130:093$457
Impôts indirects..	23.681:163$185	22,305:994$674	—	1,375:168$511
Impôts additionnels... ...	1,085:718$038	1,150:746$059	+	65:028$021
Domaines nationaux et revenus divers	5,181:704$550	5,087:569$268	—	94:135$282
Compensation de dépenses...	410:684$832	755:094$113	+	344:409$281
Montant des recettes ordinaires	45,967:642$754	45,507:096$264	—	460:546$490
Extraordinaires.	1,018:094$949	4,011:853$321	+	2,993:758$372
Total des recettes.. ...	46,985:737$703	49,518:949$585		2,533:211$882

DÉPENSES EFFECTUÉES ET PORTÉES EN COMPTE

	1896-1897	1897-1898	Différences de 1897-1898
ORDINAIRES :			
Charges générales	8,851:856$231	9,082:691$602	+ 227:835$371
Dette publique consolidée...	14,377:127$286	14,251:510$093	— 125:617$193
Différence de change... ...	401:287$174	586:874$728	+ 185:587$554
Service des ministères. ...	24,404:703$866	24,758:679$783	+ 353:975$917
Caisse générale des dépôts...	60:851$324	53:715$608	— 7:135$716
Total...	48,098:825$881	48,733:471$814	+ 634:645$933
EXTRAORDINAIRES.	6,372:557$908	5,507:517$868	— 865:040$040
Total...	54,471:383$789	54,240:989$682	— 230:394$107
Déficit..	7,485:646$086	4,722:040$097	— 2,763:605$989

On voit que, quoique la dépense effectuée pour des services appartenant à la période complémentaire de l'exercice 1896-1897 ait été beaucoup plus élevée pendant la gestion 1897-1898, les dépenses totales ont été inférieures de 230:394$107 reis à celles de la gestion précédente, et que le déficit est tombé de 7,485:646$085 reis à 4,722:040$097 reis.

La plus forte augmentation de recettes qui a eu lieu pendant la dernière gestion provient des impôts directs; elle a été de 409:226$544 reis. Les plus forts accroissements ont été fournis par la contribution industrielle (197:281$128 reis) et par l'impôt foncier (172:138$329 reis). L'impôt de timbre a diminué de 24:201$298 reis, et il s'est produit une augmentation de 114:719$091 reis pour celui de l'enregistrement et de 39:575$074 reis pour le produit des loteries. L'augmentation pour ce groupe d'impôts a donc été de 130:093$457 reis.

Les impôts indirects, en 1897-1898, ont rapporté 1,375:168$511 reis en moins. Cette diminution provient principalement de ce que l'impôt sur l'importation des céréales n'a été que de 389:852$815 reis. La recette de cette provenance ayant été de 1,873:813$294 reis pendant l'année précédente, la moins-value pour 1897-1898 a donc été de 1,483:960$470 reis. En outre, l'importation des farines en franchise de droits a eu lieu pendant cette période pour le compte du gouvernement. Toutes ces causes ont naturellement rompu l'équilibre de la dernière gestion qui, sans elles, aurait été beaucoup plus prospère.

L'impôt du « real d'agua » (ou impôt sur les boissons) a continué à diminuer ; il en a été de même pour les recettes provenant du service des marchandises en douane. La diminution de ce dernier chef est aisément expliquée par les modifications survenues dans l'exploitation commerciale du port de Lisbonne.

En ce qui concerne les domaines nationaux, il y a eu une augmentation de 147:199$126 reis pour les chemins de fer du Sud et du Sud-Est, et de 32:162$678 reis seulement pour celles des lignes du Minho et du Douro. Le revenu des postes s'est accru de 107:039$541 reis. Ces chiffres démontrent que notre mouvement économique est en progrès.

Les recettes provenant des dispositions législatives sur le recrutement de l'armée ont diminué de 332:290$863 reis en comparaison de celles de la gestion précédente, ce qui s'explique facilement par ce que le rachat de l'obligation du service militaire a été appliqué à des contingents plus réduits.

Voilà le résumé des modifications principales qui ont eu lieu dans les recettes ordinaires de la dernière gestion, comparées à celles de la précédente.

Pour ce qui regarde les dépenses, la totalité accuse la diminution de 230:394$107 reis, comme je l'ai déjà dit, et la réduction aurait été plus grande sans l'augmentation de 646:938$342 reis qui s'est produite dans le service de la direction générale de la marine, et de 227:835$371 reis à l'article des charges générales. Il y a eu aussi une augmentation de 185:587$554 reis provenant de la différence du change sur divers paiements, indépendamment de la prime sur l'or pour le paiement de la dette consolidée extérieure.

La perte occasionnée par la différence du change en 1897-1898, sans compter celle qui se trouve comprise dans les dépenses relatives au service des divers Ministères, se détaille comme suit :

Dette consolidée et amortissable à la charge de la « junta » du Crédit public … … … … … … … … … … … …	1,702:595$156
Emprunt sur les tabacs … … … … … … … … …	1,399:440$384
Emprunt de la municipalité de Lisbonne … … … …	116:877$463
Paiements divers … … … … … … … … … … …	586:874$728
	3,805:787$733

Dans le service du Ministère des Travaux publics il y a eu une réduction de dépenses de 612:202$086 reis, ainsi que de 226:158$764 et de 134:333$844 reis dans les Ministères des Finances et de l'Intérieur. Il y aurait donc eu dans les services des Ministères une réduction totale de 1,158:002$465 reis, sans l'augmentation de 646:938$342 reis, dont j'ai parlé plus haut, dans les dépenses de la direction générale de la marine.

Cette augmentation de dépenses provient en grande partie de la construction des nouveaux navires de guerre pour laquelle, en 1897-1898, on a dépensé 351:710$084 reis de plus que pendant l'année financière précédente. Il y a eu aussi une augmentation de 187:671$881 reis dans les subventions affectées à l'embarquement, aux rations, aux passages du personnel et au matériel de bord.

Dans la direction générale des colonies, la réduction sur les dépenses aurait été plus importante si ce n'avait été le paiement de la garantie d'intérêts à la Compagnie de chemin de fer de Mormugão, se montant à 372:800$000 reis, tandis qu'en 1896 1897 il n'y avait eu aucune dépense de ce chef. Pour le câble sous marin à Loanda, il a été dépensé en 1897-1898 65:238$682 reis de plus que pendant la gestion précédente ; et la nouvelle expédition militaire à Gaza a occasionné aussi la dépense de 93:559$648 reis, sans consignation correspondante pendant l'année précédente.

Malgré ces augmentations, on a obtenu sur la dépense totale de la direction générale de la marine une réduction de 169:976$168 reis.

La diminution des dépenses, en ce qui concerne les services du Ministère de la Guerre, provient en grande partie de ce que les dépenses extraordinaires du commandement général de l'artillerie accusent une réduction de 351:794$729 reis, quoiqu'on ait dû dépenser en plus 330:188$811 reis en frais de solde et d'habillement d'un plus grand nombre de sous-officiers et de soldats et 108:857$882 reis pour la solde d'un plus grand nombre d'officiers en retraite, en disponibilité ou en inactivité temporaire.

Pour la fourniture du pain il a été dépensé 76:838$652 reis en moins, et pour les transports ainsi que pour les réparations des casernes, la moins-value des dépenses a été de 44:460$746 reis.

Il en résulte une diminution de 44:617$239 reis pour la dépense totale de ce Ministère. Cette diminution aurait atteint 153:474$121 reis sans l'augmentation de dépense occasionnée par la solde des officiers retraités, en disponibilité et en inactivité temporaire.

Dans les services du Ministère des Travaux publics les dépenses portées en compte se sont élevées en 1897-1898 à 612:202$086 reis de moins qu'en 1896-1897. Cette différence provient principalement de ce qui suit :

Conservation des routes	5:263$210
Travaux hydrauliques...	31:409$989
Édifices publics	577:892$952
Chemins de fer	34:208$210
Augmentation sur divers articles	36:572$275

En ce qui concerne les charges générales, les dépenses ont été en 1897-1898 de 159:852$145 reis en plus pour intérêts et amortissements à la charge du Trésor, cette augmentation provenant presque totalement de l'élévation de la prime sur l'or pour les emprunts des tabacs et de la municipalité de Lisbonne. Un accroissement s'est également produit sur d'autres articles et l'augmentation totale a été de 227:835$371 reis.

Quant à la dette publique, dont le service est à la charge de la Junta du Crédit Public, il y a eu une augmentation de 527 contos de reis provenant de l'achat de traites; mais comme le supplément d'intérêts distribué aux porteurs des titres de la dette extérieure a été moindre, le résultat final présente la diminution de 125:617$193 reis.

Dans les différences de change pour les paiements à effectuer à l'étranger, sans compter celles qui ont trait à la dette publique, il y a eu également un excédent de dépense de 185:587$554 reis.

En récapitulant le service des Ministères, nous trouvons :

	Différences.	
	En plus.	En moins.
	—	—
Dépenses ordinaires :		
Finances	68:656$859	—$—
Intérieur...	—$—	147:791$949
Justice et Cultes..	26:789$358	—$—
Guerre	307:177$490	—$—
Marine et Colonies :		
Marine	295:228$258	—$—
Colonies	454:246$359	—$—
Affaires étrangères	—$—	1:556$697
Travaux publics, Commerce et Industrie ...	—$—	648:773$761
	1,152:098$324	798:122$407
Différence en plus... ...	353:975$917	

Dépenses extraordinaires :

Finances	—$—	290:815$623
Intérieur	13:458$105	—$—
Guerre	—$—	351:791$729
Marine et Colonies :		
Marine	351:710$'84	—$—
Colonies	—$—	624:222$527
Affaires étrangères	52$375	—$—
Travaux publics, Commerce et Industrie ...	36:572$275	—$—
	401:792$839	1,266:832$879
Différence en moins... ...	865:040$040	

Résumé :

Junta du Crédit public	—$—	125:617$193
Charges générales	227:835$371	—$—
Différences de change (excepté pour la dette consolidée)	185:587$554	—$—
Caisse générale de dépôts	—$—	7:135$716
Service des Ministères :		
Dépense ordinaire	353:975$917	—$—
Dépense extraordinaire	—$—	865:040$040
	767:398$842	997:792$949
Différence totale en moins...	230:394$107	

Si l'on considère que les recettes ordinaires ont subi une réduction importante en raison de la mauvaise récolte des céréales, non seulement en Portugal, comme aussi dans d'autres pays, et de la hausse de la prime sur l'or, ce qui a privé le trésor de la recette provenant des droits d'importation sur les blés exotiques ; et de plus, qu'il a fallu payer des dépenses plus élevées de l'exercice de l'année financière précédente, ou même absolument imprévues, on verra que si ce n'avait été cette diminution de recettes et cette augmentation forcée de dépenses, la gestion de 1897-1898 aurait donné un résultat beaucoup plus avantageux. En effet, il y a à tenir compte de ce qui suit :

Diminution des droits d'importation des céréales	1,483:960$479
Augmentation, entre autres dépenses, des suivantes, qui exigent une mention spéciale:	
Paiement plus élevé de dépenses afférentes à la construction de navires de guerre	351:710$084
Garantie au chemin de fer de Mormugão....	372:800$000
Câble sous-marin de Loanda	65:238$682
Expédition à Gaza	93:559$648
Installation de la colonie de Manica	43:200$000
Augmentation de la prime sur l'or relative aux intérêts et aux amortissements à la charge du Trésor	159:852$145
Idem, à la charge de la Junta du Crédit Public	527:000$000
Idem, relative à d'autres paiements faits à l'étranger, en dehors de celui de la dette publique	185:587$554
	3,282:908$592

Par conséquent, si ce n'était la diminution importante des recettes ordinaires, occasionnée par le manque d'importation de céréales, et les accroissements imprévus des dépenses, tels que l'élévation de la prime sur l'or et le paiement de plusieurs dépenses qui aurait dû être effectué pendant la gestion précédente, la différence entre les recettes ordinaires du trésor et la totalité des dépenses ordinaires et extraordinaires, qui a été de 8,503:741$035 reis en 1896-1897, aurait été réduite, en 1897-1898, à moins de 4,067:074$347 reis; ce qui indique que la situation du Trésor serait absolument dégagée sans la perte sur le change, puisque la diminution des recettes, de même que les augmentations des dépenses ci-dessus mentionnées, doivent être considérées comme anormales, non seulement en elles-mêmes, mais encore dans leur ensemble.

GESTION DE 1898-1899

Quoique le résultat des quatre premiers mois de la gestion actuelle ne semble pas favorable, à cause des circonstances spéciales qui se sont présentées, surtout à cause de la hausse de la prime sur l'or, et de la diminution des recettes des douanes, on peut cependant prévoir, dès à présent, qu'au règlement définitif de la gestion les recettes et les dépenses totales se balanceront, sans que, pour établir cet équilibre, il soit nécessaire d'avoir recours à des moyens extraordinaires, en dehors de ceux qui ont été votés.

La démonstration en est facile et elle se base sur des probabilités parfaitement réalisables.

Les perceptions ordinaires de juin à octobre 1898 ont été de.	10,398:576$096
Pendant la même période de l'année 1897, elles avaient été de.	11,079:224$877
Diminution en 1898...	680:648$781

La moins-value du revenu des douanes provient :

De la diminution de l'importation des céréales	322:631$006
Idem de divers produits et marchandises...	364:710$614
Total...	687:341$620

La diminution de la recette des droits d'importation sur les céréales provient de ce que pendant les mois de juillet et août 1897 il y avait eu des importations avec paiement de droits, au lieu qu'en 1898 l'importation a été nulle. Mais, si l'on considère que le prix des blés a subi une grande baisse dans les marchés étrangers, tout en améliorant le change, nous devrons prévoir pour 1898-1899 une recette à peu près égale à celle de 1896-1897, et que la différence constatée pendant les premiers mois de la gestion actuelle sera compensée pendant les mois suivants.

Les grandes oscillations du change, de mars à septembre de la dernière année, ont produit l'effet naturel de restreindre beaucoup l'importation des produits étrangers et par conséquent de réduire la recette correspondante des douanes. Cette différence est en voie de se trouver compensée par l'amélioration du change; car pendant les deux derniers mois de 1898 il s'est produit une augmentation de 176:663$052 reis sur la totalité des recettes des douanes, comparée à celle des mêmes mois de 1897. Les céréales y sont pour 33:865$424 reis, et les droits d'importation pour 78:657$755 reis.

Afin d'atténuer toute différence qui pourrait se produire, nous devrons compter sur l'augmentation qui se manifeste dans la perception de quelques impôts directs, et c'est pour cela qu'il y a lieu d'espérer avec confiance que les recettes ordinaires pendant la gestion actuelle se maintiendront au niveau de celles de 1897, soit ... ... 45,507:096$264

Les ressources extraordinaires déjà votées consistent en :

Prestation de la Banque de Portugal pour le paiement des classes inactives.	1,350:000$000	
Impôt additionnel extraordinaire	700:000$000	
		2,050:000$000
		47,557:096$264

On peut ajouter à ces recettes les suivantes, dont la première et la troisième sont extraordinaires, et dont la seconde est ordinaire, savoir :

Profit sur le paiement de la dette flottante extérieure, garantie par 1,350:000 onces d'argent et frappe de cet argent	562:000$000
Augmentation en 1899, par comparaison de la recette provenant de l'importation de céréales pendant le premier semestre de 1898	1,500:000$000
Produit, depuis le 30 juin 1898, de la vente des farines achetées l'année précédente...	1,200:000$000
Total des recettes...	50,819:096$264

En ce qui regarde les dépenses, il faut considérer ce qui suit :

Les dépenses ordinaires payées pendant la gestion de 1897-1898, à l'exclusion des intérêts des titres de la dette consolidée en portefeuille, ont été de	48,733:471$814
Les dépenses extraordinaires de	5,507:517$868
Total...	54,240:989$682

Il faut déduire les dépenses suivantes qui ne se réaliseront pas en 1898-1899 ; savoir :

Acquisition de nouveaux navires de guerre, attendu que la recette correspondante est déduite des ressources créées à cet effet	1,072:134$834	
Dépenses pendant l'année précédente pour travaux du port de Lisbonne, qui ne figureront que dans le prochain exercice	689:105$188	
Dépenses pour les travaux du port de Horta, qui ne se répètent pas	271:240$085	
A reporter... ...	2,032:480$107	54,240:989$682

Diminution des dépenses à la charge du Ministère des Travaux publics :

Report... ...		2,032:480$107	54,240:989$682
Édifices publics..	200:000$000		
Entretien des routes...	36:000$000		
Services industriels	7:000$000		
		243:000$000	
Diminution de la prime sur l'or, en calculant que la moyenne payée et à payer n'excédera pas celle de l'année financière 1896-1897, sur les emprunts des tabacs et de la municipalité de Lisbonne...	159:853$145		
Sur les paiements à la charge de la Junta du Crédit public	527:000$000		
Sur les autres paiements à la charge du trésor en pays étrangers ...	185:587$554		
		872:430$699	
Diminution des dépenses des provinces d'outre-mer, les dépenses extraordinaires étant limitées à celles qui ont été permises par l'article 8 de la loi du 25 juin 1898, et les dépenses ordinaires à la garantie d'intérêts du chemin de fer de Mormugão, étant réduites aux sommes votées pour 1897-1898 et prenant en considération l'accroissement des recettes sur cette ligne.			
Chemin de fer de Mormugao ...	186:400$000		
Sur les dépenses extraordinaires..	244:031$249		
		430:431$249	
			3,576:351$055
Dépenses effectives probables...			50,664:638$627

On voit par ce qui précède que l'excédent de ressources de la gestion peut être évalué à environ 192 contos de reis, et que, par conséquent, il y a marge pour faire face à toute éventualité.

La situation de la dette flottante, dont je vais m'occuper, au 31 décembre dernier et pendant les premiers mois de l'année courante, démontre d'une manière directe que mes prévisions à l'égard de la gestion de 1898-1899, sont bien près de la réalité.

DETTE FLOTTANTE

Au 30 juin 1898, le montant de cette dette s'élevait à 44,367:275$140 reis, dont à l'étranger 4,952:883$455; et au 31 décembre de la même année, il était de 45,194:606$805 reis, dont 4,368:454$960 reis pour la dette flottante extérieure. L'augmentation a donc été de 827:331$665 reis; mais si l'on prend en considération la différence du change aux deux époques ci-dessus mentionnées, l'accroissement de charge qui en résulte pour le Trésor a été moindre en réalité.

Pendant l'année précédente, et aussi pendant le second semestre, l'accroissement de la dette flottante a été de 3,591:794$703 reis. En 1896 il avait atteint le chiffre de 5,399:062$225 reis, celui de 2,495:130$328 reis en 1895, et celui de 4.959:961$694 reis en 1894.

Ces données sont toujours relatives au deuxième semestre de chacune de ces années, pour qu'on puisse établir la comparaison entre les mêmes périodes de chaque année.

A la fin janvier, le montant de la dette flottante était de 43,822:549$161 reis, dont 4,235:293$040 pour la dette extérieure; et en février ces chiffres seront certainement plus réduits.

Il est vrai que les diminutions constatées pendant le second semestre de 1898 et les premiers mois de l'année courante, sont attribuables en partie à la liquidation de quelques opérations réalisées antérieurement; mais ceci, loin de détruire, confirme plutôt ce que j'ai dit précédemment à l'égard de la gestion de l'année financière actuelle qui se balancera, je l'espère, sans exiger de nouvelles ressources extraordinaires, pourvu que des événements imprévus ne viennent point altérer la marche normale des opérations de la gestion.

Si notre situation financière accuse, comme on le voit, une tendance accentuée vers une amélioration progressive, celle qui se manifeste dans le développement économique du pays n'est pas moindre, comme il sera facile de se rendre compte d'après ce que je vous exposerai.

MANDATS POSTAUX DES COLONIES

Comme les provinces d'outre-mer devaient à la métropole des sommes importantes provenant des mandats-poste émis par elles et payés dans la partie continentale du royaume et aux îles adjacentes, il a été procédé, par l'entremise des agents du Ministère des Finances, à la vérification du débet de chaque province; et, par décret du 24 novembre 1898 des mesures ont été prises pour éviter au Trésor public le préjudice provenant de cette émission de mandats et assurer le transfert régulier et ponctuel des mandats issus dans les colonies et payables dans la métropole.

D'après le relevé du département respectif, voici quelle était, au 31 décembre 1898, la situation du compte d'émission et de paiement des mandats des colonies:

	Cabo Verde	Guinée	S. Thomé	Angola	Mozambique	Inde	Total
Mandats-postaux émis dans les colonies depuis l'établissement de ce service jusqu'au 31 octobre 1898.	620:825$185	85:788$221	219:984$560	899:266$564	1,242:715$917	126:440$615	3,205:021$062
Mandats payés dans les colonies pendant la même période.. ...	2:930$450	$	2:049$985	3:507$525	1:553$673	22:874$025	32:915$658
	617:824$735	85:788$221	227:934$575	895:759$039	1,241:162$244	103:566$590	3,172:105$404
Sommes transférées à la métropole pendant la même époque	53:696$588	52$880	36:795$585	95:195$920	43:726$325	8:500$000	237:967$298
Solde	564:198$137	85:735$341	191:138$990	800:563$199	1,197:435$919	95:066$590	2,934:138$186
Sommes retirées par les gouvernements locaux pour les dépenses des colonies pendant la même époque	396:250$259	85:735$341	$	30:233$300	1,197:435$919	95:066$590	1,804:721$409
Existence en dépôt au 31 octobre 1898..	167:947$888	$	191:138$990	770:329$819	$	$	1,129:416$697

Les sommes ci-dessus indiquées auront peut-être à subir quelques rectifications comme résultat de la comparaison qu'on établit en ce moment des comptes du Trésor avec les éléments fournis par le département des finances de chaque province.

Sur la note de la dette flottante il n'a été indiqué que le montant déposé dans les agences du « Banco ultramarino » (Banque d'outre-mer).

RECETTES ET DÉPENSES PUBLIQUES
depuis 1877-1878.

Afin de mieux apprécier la situation financière du pays et d'étudier avec plus de proficuité les moyens de l'améliorer, il me paraît très utile de montrer quel a été le développement des recettes du Trésor pendant les dernières vingt années, aussi bien que l'accroissement progressif des dépenses publiques ordinaires et extraordinaires pendant la même période, en retirant dans ce but des recettes inscrites aux comptes du Trésor les intérêts des titres en portefeuille et le produit d'emprunts, aussi bien que dans les comptes des deux dernières années ce qui a été perçu, conformément à la loi du 26 février 1892, comme impôt sur le revenu, autant sur les appointements des fonctionnaires de l'État et des corporations administratives que sur les intérêts de la dette consolidée intérieure. Pour les dépenses, il faut déduire aussi les intérêts des titres en portefeuille. On connaîtra ainsi d'une manière rigoureuse quel a été le produit réel des impôts et des autres revenus du Trésor, ainsi que la dépense occasionnée par tous les services à la charge de l'État.

Je bornerai cette étude aux années 1877-1878, 1887-1888, et 1897-1898, qui établissent des périodes parfaitement déterminées. En faisant les opérations ci-dessus indiquées, on trouve les résultats suivants :

	1877-1878	1887-1888	1897-1898	Différences		
				De 1887-1888 et 1877-1878	De 1897-1898	
					et 1877-1878	et 1887-1888
Recettes totales, à l'exclusion des emprunts	24,017:957$281	36,688:586$261	42,573:927$461	+ 12,670:628$980	+ 18,555:970$180	+ 5,885:341$200
Dépenses..	33,498:832$324	43,575:816$410	54,240:989$682	+ 10,076:984$086	+ 20,742:157$358	+ 10,665:173$272
Déficit...	9,480:875$043	6,887:230$149	11,667:062$221	— 2,593:644$894	+ 2,186:187$178	+ 4,779:832$072

Les ressources pour faire face à ces déficits ont été :

En 1877-1878 :

Divers emprunts consolidés	3,487:507$921
Prestations des banques pour le paiement des classes inactives	993:078$645
Dette flottante et autres opérations...	5,000:288$477
TOTAL...	9,480:875$043

En 1887-1888 :

Emprunts affectés aux routes...	1,109:129$938
Dette flottante et autres opérations...	5,778:100$211
TOTAL...	6,887:230$149

En 1897-1898 :

Impôt sur le revenu, prélevé sur les titres de la dette intérieure en circulation, en outre de ce qui était escompté avant 1892...	2,481:463$813
Idem sur les appointements des fonctionnaires...	451:729$326
Emprunt pour les navires de guerre..	2,192:702$400
Prestations de la Banque de Portugal pour les classes inactives	1,800:000$000
Idem pour les travaux de l'École Polytechnique.	19:126$585
Dette flottante et autres opérations	4,722:040$097
TOTAL...	11,667:062$221

L'examen des variations qui ont eu lieu dans les diverses recettes, pendant la période dont nous nous occupons, donne le résultat suivant :

Désignation des Recettes	1877-1878	1887-1888	1897-1898	Différences		
				De 1887-1888 et 1877-1878	De 1897-1898 et 1877-1878	De 1897-1898 et 1887-1888
Impôts directs...	6,150:470$131	6,605:607$044	7,952:256$690	+ 455:136$913	+ 1,801:786$559	+ 1,346:649$646
Timbre et enregistrement... ...	2,172:797$893	4,128:363$521	5,322:242$321	+ 1,955:565$628	+ 3,149:444$428	+ 1,193:878$800
Impôts indirects	13,919:009$880	21,766:211$986	22,305:994$674	+ 7,847:202$106	+ 8,386:984$794	+ 539:782$688
Impôts additionnels...	$	580:974$660	1,150:746$059	+ 580:974$660	+ 1,150:746$059	+ 569:771$399
Domaines nationaux et revenus divers...	1,759:589$135	3,145:568$107	5,087:569$268	+ 1,385:978$972	+ 3,327:980$133	+ 1,942:001$161
Compensations des dépenses ...	16:090$242	449:805$592	755:094$113	+ 433:715$350	+ 739:003$871	+ 305,288$521
TOTAL DES RECETTES ORDINAIRES.	24,017:957$281	36,676:530$910	42,573:903$125	+ 12,658:573$629	+ 18,555:945$844	+ 5,897:372$215
Recettes extraordinaires	$	12:055$351	24$336	+ 12:055$351	+ 24$336	— 12:031$015
TOTAL GÉNÉRAL	24,017:957$281	36,688:586$261	42,573:927$461	+ 12,670:628$980	+ 18,555:970$180	+ 5,885:341$200

En agissant de même à l'égard des dépenses, on trouve les différences qui figurent au tableau suivant :

Ministères		1877-1878	1887-1888	1897-1898	Différences De 1887-1888 et 1877-1878	Différences De 1897-1898 et 1877-1878	Différences De 1897-1898 et 1887-1888
Finances.	Charges générales...	2,880:376$300	3,619:931$364	9,082:691$602	+ 739:555$064	+ 6,202:315$302	+ 5,462:760$238
Finances.	Service du Ministère.	2,140:491$916	3,629:863$360	3,582:390$478	+ 1,489:371$444	+ 1,441:898$562	— 47:472$882
Intérieur		2,040:840$644	2,040:521$155	2.569:051$952	— 319$489	+ 528:211$308	+ 528:530$797
Justice		602:202$181	658:991$394	1,035:588$073	+ 56:789$213	+ 433:385$892	+ 376:596$679
Guerre		4,715:349$008	5,566:104$633	7,085:470$668	+ 850:755$625	+ 2,370:121$660	+ 1.519:366$035
Marine		2.182:431$832	2.230:490$322	4,511:956$605	+ 48:058$490	+ 2,329:524$773	+ 2,281:466$283
Colonies...		$	1,417:693$156	2,095:273$104	+ 1,417:693$156	+ 2,095:273$104	+ 677:579$948
Affaires étrangères		275:203$177	379:438$379	447:591$828	+ 104:235$202	+ 172:388$651	+ 68:153$449
Travaux publics.		7.991:541$076	7,928:256$970	8,938:874$943	— 63:284$106	+ 947:333$867	+ 1,010:617$973
Caisse des dépôts		$	45:477$773	53:715$608	+ 45,477$773	+ 53:715$608	+ 8:237$835
Différences de change.		$	$	586:874$728	$	+ 586:874$728	+ 586:874$728
Dette consolidée.		10,670:396$190	16,059:047$904	14,251:510$093	+ 5,388:651$714	+ 3.581:113$903	— 1,807:537$811
		33,498:832$324	43,575:816$410	54,240:089$682	+ 10,076:984$086	+ 20,742:157$358	+ 10,665:173$272

On reconnaît à première vue que le produit des recettes du Trésor a augmenté de 12,658:573$629 reis pendant les années qui se sont écoulées depuis 1877 jusqu'à 1887, et de 5,897:372$215 reis seulement pendant la période suivante ; et que les dépenses ont augmenté de 10,076:984$086 reis pendant la première de ces périodes, et de 10,665:173$272 reis pendant les dix dernières années. L'augmentation totale des recettes depuis 1877-1878 jusqu'à 1887-1888 a donc été de 18,555:945$844, et celle des dépenses de 20,742:157$358 reis.

Les seuls revenus sur lesquels l'augmentation a été le plus accentuée pendant la dernière période, sont ceux des impôts directs, qui se sont élevés de 6,150:470$131 reis en 1877-1878 à 6,605:607$044 en 1887-1888, et à 7,952:256$690 reis en 1897-1898 ; et ceux des domaines de l'État, qui se sont élevés de 1,759:589$135 en 1877-1878 à 3,145:568$107 reis en 1887-1888, et à 5,087:569$268 reis en 1897-1898. Sur les autres revenus l'augmentation a toujours été moindre ; et il faut remarquer que sur les impôts indirects il y a eu un accroissement de 7,847:202$106 reis depuis 1877-1878 jusqu'à 1887-1888, et de 539:732$688 reis, seulement, depuis cette année jusqu'à la dernière gestion.

L'augmentation du revenu des domaines de l'État est principalement attribuable au rendement plus élevé de l'exploitation des chemins de fer à la charge de l'État, et à l'accroissement des recettes des postes et télégraphes.

Pendant les dix dernières années il n'y a eu de diminution de dépenses que dans le service du Ministère des Finances et dans celui de la dette consolidée. Le motif de la diminution, en ce qui concerne cette dette, consiste en ce que, conformément à la loi du 26 février 1892, les intérêts de la dette extérieure ont été inscrits en 1897-1898 pour le tiers seulement. Quant aux services des autres Ministères, l'augmentation des dépenses a été plus grande de 1887-1888 à 1897-1898 qu'elle n'avait été depuis 1877-1878 jusqu'en 1887-1888. Je dois faire mention spéciale de la direction générale de la marine, où l'augmentation a été de 48:058$490 reis pendant les dix premières années et pendant la seconde période de dix années de 2,281:466$283 reis ; du Ministère des Travaux publics, dont les dépenses ont diminué de 63:284$106 reis pendant la première période et augmenté de 1,010:617$973 reis pendant la seconde ; du Ministère de la Guerre, dont les dépenses ont augmenté de 850:755$625 reis pendant la première période de dix années et de

1,519:366$035 reis dans la seconde; de celui de l'Intérieur, où les dépenses ont augmenté de 528:530$797 reis pendant la seconde période; et enfin du Ministère de la Justice, où s'est produit une augmentation de 376:596$679 reis dans la dépense de 1887-1888 à 1897-1898.

Si l'on retranche des dépenses totales le montant des déductions réalisées sur les intérêts de la dette publique intérieure et sur les appointements des fonctionnaires, le déficit de 1897-1898 sera réduit à 8,288:180$915 reis, c'est-à-dire à un chiffre inférieur à celui de 1877-1878; et si l'on déduit également des dépenses de 1897-1898 la perte de la prime sur l'or, uniquement sur les paiements effectués par la trésorerie du Ministère des Finances et de la Junta du Crédit public, qui pendant cette année a été de 3,805:787$733 reis, on trouve le déficit de 4,482:393$182 reis, de beaucoup moindre que celui de 1877-1878 et de 1887-1888.

Les dépenses des dernières années comprennent aussi d'autres sommes importantes provenant des différences de change. Il suffit de mentionner ce qui a lieu dans les Ministères des Travaux publics, de la Marine et de la Guerre. L'exploitation des chemins de fer à la charge de l'État et les travaux des ateliers qui dépendent de ces ministères exigent actuellement une dépense beaucoup plus élevée pour l'achat des matériaux importés pour ces services, et il en est de même dans presque tous les départements publics, à un degré plus ou moins élevé, à cause de l'augmentation du prix de plusieurs articles nécessaires à la consommation, augmentation qui provient en grande partie, de la perte sur le change.

D'après ce qui précède, il est aisé de reconnaître que, sans cette cause, les recettes du Trésor seraient suffisantes pour faire face à toutes les dépenses ordinaires, grâce à la réduction effectuée sur les intérêts de la dette publique consolidée et sur les appointements des fonctionnaires de l'État, et à l'augmentation des impôts réalisés pendant les dernières années. Toutefois, il n'est pas possible, et il ne convient même pas à plusieurs industries, d'annuler tout d'un coup et entièrement la perte sur le change; parce que cela dépend de plusieurs circonstances, parmi lesquelles je dois mentionner l'excès de la circulation fiduciaire inconvertible, qui a pour cause principale la nécessité de faire face par ce moyen aux dépenses urgentes du Trésor.

La situation financière du pays contribue également au maintien de la dépression du change, malgré l'amélioration bien manifeste, comme je le démontrerai, de notre mouvement commercial et économique ; et, par conséquent, tous les efforts que nous ferons pour ramener l'équilibre définitif de notre budget, rendront à leur tour plus facile le retour à la situation normale du change.

Nos difficultés proviennent spécialement du recours continuel au crédit, sans que l'augmentation des recettes ait compensé l'accroissement progressif des charges qui en sont résultées. Dans l'état de civilisation des sociétés modernes, il est absolument impossible de ne point donner une plus grande étendue à plusieurs services publics inconnus autrefois, afin de développer les richesses et les industries nationales, et d'améliorer la situation des classes moins favorisées, ce qui entraîne toujours une augmentation de dépenses ; mais cet accroissement de charges, même utiles et productives, doit être accompagné ou plutôt précédé d'un accroissement correspondant des ressources du Trésor, sans quoi l'on risque, ainsi que l'expérience l'a démontré abondamment pendant ces dernières années, de voir que les charges ainsi contractées absorbent une partie importante des recettes publiques dont le restant n'est pas suffisant pour subvenir aux autres services à la charge de l'État.

Lorsque l'insuffisance des recettes est couverte d'une manière presque permanente par d'autres emprunts destinés à payer les dépenses ordinaires, le péril devient plus grand que si les sommes obtenues de cette façon étaient appliquées uniquement à des améliorations d'ordre matériel, qui doivent produire, dans un avenir plus ou moins prochain, des bénéfices importants, et une augmentation de ressources pour le Trésor. Dans ce dernier cas, il est bien possible qu'il y ait eu manque de prudence, trop de hâte à vouloir les progrès dont les autres nations jouissaient déjà ; mais l'œuvre reste et compensera plus tard les charges qu'elle a entraînées.

Toutefois, ce système est dangereux, parce qu'il surcharge le présent à l'excès en escomptant trop l'avenir, et qu'il rend ensuite plus difficile de profiter régulièrement et progressivement des ressources du Trésor, dont les difficultés financières sont aggravées par des déficits continuels.

Ces deux cas se sont produits chez nous, non séparément, mais ensemble, puisque les emprunts n'ont servi qu'en partie, pendant de longues périodes, pour les travaux et les améliorations qui exigeaient et justifiaient les moyens extraordinaires auxquels on a eu recours.

Il est évident que nous ne devons pas continuer dans la récidive des faits qui ont contribué à créer les difficultés financières qui nous ont assaillis pendant les dernières années. Il est indispensable de se procurer des ressources qui ne soient pas des emprunts plus ou moins dissimulés, et qui puissent servir à combler les déficits que les budgets futurs devront peut-être présenter.

Pour l'année financière 1899-1900, comme je l'explique dans un autre endroit, pour faire face au déficit, que j'évalue à 1,545:714$752 reis, je compte sur l'amélioration de la recette de l'impôt du timbre, la diminution des charges de la prime sur l'or, l'économie dans l'administration des divers services publics, par suite de leur simplification et de la disparition graduelle des employés attachés ou admis à la retraite jusqu'en 1866, et enfin sur une partie du produit de l'émission de mandats-postaux dans les provinces d'outre-mer, où il existe actuellement environ 1,129:416$697 reis disponibles.

SITUATION COMMERCIALE ET ÉCONOMIQUE

Les résultats obtenus pendant toute l'année 1898, comparés à ceux des années précédentes, comme il appert des tableaux annexés à ce compte rendu, expriment avec la plus grande netteté tous les symptômes de progrès économique progressif du pays : ce qui se déduit aisément de l'étude suivante.

MOUVEMENT MARITIME

Le mouvement maritime dans les ports du royaume a augmenté constamment. Celui de 1898 présente à l'égard de l'année 1894, le chiffre de 211 entrées de navires et de 3.081.919 tonneaux de jauge en plus. Cette augmentation a porté principalement sur les navires affectés au long cours, attendu qu'elle n'a été que de 106.359 tonnes pour les caboliers, dont le nombre a diminué de 243.

Cette diminution s'est produite, dans sa presque totalité, sur les navires à voiles, puisqu'elle n'a été que de 39 sur le nombre des navires à vapeur, ce qui n'a pas empêché que le tonnage de ces derniers n'ait augmenté de 87.937 tonnes.

Le moyenne du tonnage des navires entrés en 1898 s'est également accrue, et l'augmentation a été plus importante pour les navires de long cours que pour les caboliers. La moyenne du tonnage a été de 949 tonnes en 1898, et en 1894 elle n'avait été que de 678 tonnes.

Relativement à 1897 il y a eu une augmentation de 421 pour le nombre de navires entrés, et de 1.037.665 tonnes pour le tonnage total. L'augmentation du nombre des navires affectés au long cours était de 421, et celle de la jauge de 1.013.424 tonnes. Pour les caboliers, il n'y a eu qu'une augmentation de 24.241 tonnes, le nombre de navires étant resté le même.

Le port de Leixões a eu sa part de l'augmentation du mouvement maritime de nos ports, puisque le nombre des navires entrés en 1894 qui était de 395, jaugeant 326.565 tonnes, s'est élevé à 529 en 1898 avec 653.754 tonnes de jauge.

Ainsi se vérifient quelques-uns des avantages que cette grande œuvre doit procurer au commerce du nord du royaume, et qui croîtront d'importance dès que les travaux complémentaires indispensables auront été complétés, dans le but de faciliter le chargement et le déchargement des passagers et des marchandises dans ce port, aussi bien que dans celui du Douro.

Le mouvement maritime a donc augmenté constamment dans les ports du royaume, surtout en ce qui concerne la navigation au long cours. L'accroissement relatif à la moyennne du tonnage des navires à vapeur, qui s'est élevée de 1.312 tonnes en 1894 à 1.719 en 1898, est un fait remarquable et qui démontre que nos ports sont plus fréquentés par des vapeurs de plus fort tonnage.

En comparant le mouvement maritime de 1898 avec celui des années précédentes, on voit que le tonnage des navires entrés est constamment supérieur à celui de n'importe laquelle de ces années. L'augmentation qui s'est produite sans interruption depuis l'année 1886 sur le tonnage des navires entrés a donc continué en 1898, et elle a été plus importante de

1896 à 1897 puisqu'elle s'est élevée de 8.510.549 à 9.248.661 tonnes. Pendant les dix dernières années le tonnage total des navires entrés dans les ports du royaume a doublé en s'élevant de 4.837.598 à 10.286.326 tonnes en 1898.

COMMERCE GÉNÉRAL

La valeur du commerce général, à l'exclusion de l'or et de l'argent, en lingots et monnayés, s'est élevée de 84:421 contos de reis en 1894 à 108:707 contos de reis en 1898, la valeur des importations ayant augmenté de 48:082 à 63:103 contos de reis, et celle des exportations de 36:339 à 45:604 contos de reis. Relativement à 1897, l'augmentation totale a été de 20:561 contos de reis, dont 12:473 contos de reis pour les importations et 8:088 contos de reis pour les exportations.

COMMERCE SPÉCIAL

Le commerce spécial, comparé à celui de 1894, offre l'augmentation de 12:960 contos de reis d'importations pour la consommation et de 7:204 contos de reis pour l'exportation des produits nationaux et nationalisés; et en ce qui concerne l'année 1897 l'augmentation a été de 8:202 contos de reis pour les importations et de 3:817 contos de reis pour les exportations.

Pendant la même période, la réexportation des produits coloniaux en 1898 a dépassé de 1:745 contos de reis celle de 1894, et de 2:578 contos de reis celle de 1897. La diminution qui s'était produite dans ce commerce si important depuis 1895, a cessé, et une augmentation considérable a eu lieu pendant la dernière année, ce qui est le meilleur indice du progrès de nos colonies.

En ce qui concerne la réexportation, le transbordement et le transit international des marchandises, le progrès s'est accentué pendant les années dernières, principalement pour les produits étrangers, ce qui est d'un grand avantage public, parce que les pays à travers lesquels ce transit international s'effectue en recueillent toujours des bénéfices. La valeur des marchandises étrangères transbordées et en transit a été de 1:670 contos de reis en 1894, et elle s'est élevée à 2:377 contos de reis en 1898, la moyenne n'ayant été que de 1:611 contos de reis pendant les quatre années précédentes.

MOUVEMENT DE L'OR ET DE L'ARGENT

Le mouvement d'importation et d'exportation des métaux précieux, en 1898, accuse également une amélioration remarquable pour le pays. L'importation a été de 1:370 contos de reis, supérieure à celle de 1894, et l'exportation a diminué en même temps de 3:884 contos de reis à 2:079 contos de reis.

Relativement à 1897, la différence en plus a été de 1:939 contos de reis, pour l'importation, et de 117 contos de reis en moins pour l'exportation.

L'écart a donc été en 1898 de 2:056 contos de reis en moins que pour l'année 1897, pendant laquelle il avait été de 1:940 contos de reis, et de 3:075 contos de reis en 1894, en faveur des exportations; il est descendu à 117 contos de reis pour la dernière année, mais en faveur des importations.

Si l'on examine les résultats de ce mouvement pendant les années antérieures à 1898, on voit que depuis 1861 il y avait eu en vingt-trois ans un excédent d'importation dont le chiffre total est de 74:271 contos de reis ou de 3:229 contos de reis en moyenne annuelle, et un excès d'exportation pendant les quatorze années restantes s'élevant au total de 48:513 contos de reis, soit une moyenne de 3:465 contos de reis par an.

Pendant toute cette période, l'écart en faveur des importations a été de 25:757 contos de reis.

A la seule exception de 1877 et 1879, les écarts, autant en faveur des importations que des exportations, se manifestent toujours par des périodes assez longues; le dernier représente un excédent d'importation, de 1880 à 1890 inclusivement, du total de 48:630 contos de reis, soit de 4:420 contos de reis en moyenne, par an. En 1890, il y a eu un excédent de 3:994 contos de reis d'importation; mais, l'année suivante, l'exportation a pris les plus grandes proportions, l'écart ayant été de 21:535 contos de reis, chiffre beaucoup plus élevé que le maximum de 9:423 contos de reis d'excédent d'importations annuelles pendant toute la période antérieure.

L'exportation d'environ 10 millions de livres sterling, depuis 1890 jusqu'en 1892, sans causer des secousses profondes au commerce national ou aux maisons étrangères avec lesquelles il entretient des relations d'affaires, a prouvé la solidité et l'importance de la richesse nationale.

De 1891 à 1897 inclusivement, l'écart total de l'exportation a été de 40:134 contos de reis, ce qui correspond à la moyenne annuelle de 5:733 contos de reis. En 1898, l'écart de 117 contos de reis a été en faveur de l'importation.

Je m'occuperai encore de cette question lorsque j'apprécierai le mouvement général du commerce pendant les dernières années.

Pour que cette étude soit plus complète, il faut, en effet, prendre aussi en considération les entrées et les sorties de l'or et de l'argent accusées par la statistique des douanes, et ne pas la borner aux marchandises et aux objets de consommation courante.

REVENU DES DOUANES

En comparant les revenus des douanes de 1898 à ceux de 1897, on voit qu'il s'est produit une diminution totale de 1:368 contos de reis.

La différence la plus importante, de 1:436 contos de reis, provient des droits d'importation des céréales ; car le chiffre des droits perçus sur les autres produits de consommation a subi une augmentation de 134 contos de reis ; ce qui confirme, comme j'ai dit plus haut, que l'augmentation de la valeur de l'importation provient principalement des produits destinés aux industries et à l'agriculture sur lesquels les taxes du tarif sont très légères. C'est pour cela que les revenus des douanes n'ont pas subi une augmentation correspondante à l'accroissement si élevé de la valeur des importations.

Je dois faire observer à cet égard que le produit des droits d'importation (à l'exception des céréales et du tabac) qui, en 1895, était de 1:132 contos de reis supérieur à ceux de l'année précédente, a baissé de nouveau en 1896 et en 1897, et présente en 1898, une légère amélioration.

Les droits d'exportation se sont élevés de 377 contos, en 1897, à 434 contos en 1898.

Ainsi que je l'ai déjà fait remarquer, il y a eu, en 1898, dans l'importation de produits destinés à la consommation, une augmentation sensible dont il résulterait en apparence un plus grand écart de la balance commerciale, si nous ne considérions que le montant des valeurs déclarées en douane. En comparant les années de 1894 à 1898, on voit que la différence entre la valeur de l'importation des produits de consommation et l'exportation des produits nationaux et nationalisés a été :

En 1894 de	11:743	contos de reis.	
— 1895 de	12:880	—	—
— 1896 de	13:392	—	—
— 1897 de	13:114	—	—
— 1898 de	17:499	—	—

Ces résultats se trouvent sensiblement modifiés si l'on ajoute à la valeur des exportations celle des produits coloniaux réexportés. L'écart se trouve réduit ainsi :

En 1894 à	4:619	contos de reis.	
— 1895 à	6:579	—	—
— 1896 à	7:532	—	—
— 1897 à	6:824	—	—
— 1898 à	8:630	—	—

Il semblerait, à première vue, que cette dernière année ait été moins favorable que la précédente; mais, si l'on fait un examen plus minutieux des faits, on reconnaîtra aisément le contraire.

On doit tout d'abord prendre en considération que les valeurs déclarées pour l'exportation ne représentent pas, en général, le produit vrai et réel de ce commerce, parce que, aux prix déclarés viennent s'ajouter d'autres éléments qui échappent à la statistique des douanes et, en second lieu, il importe aussi de connaître ce qui a causé l'excédent d'importation et la proportion qui en revient aux articles tarifés dont l'acquisition indique un accroissement des moyens de production et d'activité industrielle. Or, c'est là précisément le fait caractéristique de l'année dernière.

La différence qu'il y a en plus dans la valeur des importations, en comparaison de l'année précédente, porte principalement sur les matières premières des arts et de l'industrie, soit de 5:354 contos de reis; et sur les appareils, machines et instruments destinés aux arts, à l'industrie et à l'agriculture, soit de 1:033 contos de reis.

Il y a eu, en général, une augmentation d'importation de presque toutes les matières premières, spécialement du coton brut, dont l'importation s'est accrue de 1:590 à 2:056 tonnes, et des serges et des crêpes destinées principalement à l'industrie de l'estampage.

Pour démontrer le progrès de l'industrie cotonnière du pays, pendant les dernières années, il suffit de dire que la moyenne de l'importation du coton brut, pendant les années civiles de 1892 à 1897, a été de 10.816 tonnes, évaluées à 2:360 contos de reis, tandis que de 1886 à 1891, la moyenne de l'importation n'a été que de 6:169 tonnes, correspondant à la valeur de 1:306 contos de reis. En 1898, elle a atteint 15.413 tonnes et la valeur de 3:532 contos.

On trouve également, dans l'analyse des produits exportés, la démonstration de la manière dont cette industrie a fait du progrès parmi nous, puisqu'en 1898 il y avait un accroissement de 1:038 contos de reis dans la valeur de l'exportation de ces produits, accroissement provenant principalement des tissus écrus, teints et imprimés, destinés aux colonies.

On trouve aussi l'augmentation de 2:819 contos de reis sur l'exportation des denrées alimentaires, dont 1:192 contos de reis pour les vins.

En ce qui concerne la réexportation des produits coloniaux, il y a eu une augmentation de 1:217 contos de reis pour la gomme élastique, et de 1:410 contos de reis pour le cacao.

Il résulte de ce qui précède, que le mouvement commercial de l'année dernière a été très favorable, en comparaison de celui des années précédentes, et que le développement de nos industries, spécialement de l'industrie cotonnière, est évident. On a vu, en effet, qu'en 1898, il y avait eu une augmentation considérable dans l'importation des articles nécessaires à diverses industries et à l'agriculture, en même temps qu'une différence, quoique faible, en faveur de l'importation contre l'exportation des métaux précieux, symptôme qui manifeste également l'amélioration qui est en train de se produire dans notre situation économique.

Cependant, les efforts des dernières années ne sont pas suffisants, malgré les excellents résultats déjà obtenus. Il est indispensable de poursuivre la même route, attendu que ce n'est pas seulement pour payer les marchandises importées, comme indispensables à la consommation nationale, que nous devons favoriser l'exportation des produits de notre sol et des industries dont la nature répond le mieux aux circonstances et aux facultés du pays, mais encore pour compenser l'insuffisance des paiements d'une autre espèce, qui doivent être réalisés à l'étranger et, pour lesquels les ressources de même provenance, que nous en retirons, ne suffisent pas actuellement.

Le mouvement commercial de notre pays a été plus favorable en 1898 que dans quelques pays de l'Europe; ce qui se déduit aisément du tableau (nº XXIV) annexé à ce compte rendu.

En Angleterre, l'importation a augmenté et l'exportation a diminué; et il faut remarquer que, s'il y a eu une plus-value des matières premières importées et exportées, il y a eu en même temps augmentation de la valeur de l'importation des produits fabriqués et diminution dans celle de l'exportation de ces produits. La différence pour le commerce d'exportation a été d'environ 4,5 millions de livres contre l'Angleterre.

En Espagne, il y a eu une diminution considérable dans l'importation des matières premières et une augmentation dans l'exportation de ces matières. Il y a eu également diminution dans l'exportation des produits fabriqués et accroissement dans l'importation. Au total, l'importation a diminué en même temps que l'exportation a augmenté. L'importation des denrées alimentaires a baissé en même temps que la valeur de l'exportation s'est élevée.

En France, l'importation de tous les produits a augmenté, à l'exception des matières premières, dont l'importation en 1898 a baissé de 41.656.000 francs, et l'exportation a diminué malgré le grand accroissement de valeur des mandats-poste. Il a été importé une plus grande quantité de produits fabriqués, et exporté une moindre valeur de ces produits.

SITUATION DU CHANGE

Le change international a subi pendant l'année dernière des écarts considérables et s'est abaissé en mai jusqu'à 28^{d}, sur Londres. Cette dépression s'est maintenue jusqu'à la fin juillet ; mais à partir du mois d'août, il s'est manifesté une certaine tendance à l'amélioration, puisque la moyenne de ce mois a été de 30 1/16. En septembre, la moyenne est montée à 32 7/8, et à la fin de l'année elle était de 36 9/16.

Les mêmes oscillations du change s'observent sur les autres marchés étrangers.

La dépression de l'année dernière doit être attribuée presque exclusivement aux événements internationaux qui se sont produits pendant cette période, puisque. dans notre mouvement commercial et financier, aucun motif ne pouvait justifier les grands écarts que le change a subis ; bien au contraire, notre mouvement commercial, y compris celui des métaux précieux, semblait indiquer que, sans les causes générales qui ont influencé tous les marchés étrangers, la situation de notre change aurait été plus favorable. L'incertitude qui régnait à l'égard de la résolution de nos questions financières a contribué peut-être à ce que les causes qui subsistaient généralement pour les autres pays aient produit dans le nôtre des effets plus considérables. Le fait est, que cette mauvaise situation tend à s'améliorer au profit du public et du Trésor.

A d'autres époques, où les conditions financières du pays étaient considérées meilleures et plus prospères, il y avait presque toujours une grande différence entre les importations des articles de consommation et les exportations des produits nationaux et nationalisés : et malgré cela, le grand écart qui a existé depuis 1890 dans la balance des métaux précieux n'existait pas alors et la prime de notre monnaie se conservait au pair de celle des marchés étrangers.

Depuis 1865 jusqu'à 1898 inclusivement, la plus longue période dont nous possédions une statistique presque complète des douanes, la valeur des importations, pour la consommation, à l'exclusion de l'or et de l'argent, s'est élevée au total de 1.116:659 contos, tandis que l'exportation nationale et nationalisée et la réexportation des produits coloniaux n'ont atteint que 825:697 contos. L'excès des importations sur les exportations a été constant pendant cette longue période.

Le mouvement des métaux précieux démontre, au contraire, pendant des périodes suivies, à l'exception des années 1877 à 1879, comme je l'ai déjà fait observer, un excédent tantôt dans la valeur des importations, et tantôt dans celle des exportations. La période qui a pris fin en 1897 appartient à la seconde espèce. Pendant l'année qui vient de finir, il y a eu de nouveau un excédent en faveur de l'importation. La différence au profit des importations des métaux précieux est de 18:522 contos de reis. Il y a donc eu, depuis 1865, un excédent de 309:484 contos de reis dans la valeur de l'importation de tous les produits, y compris l'or et l'argent. Je ferai observer également, que ce n'est qu'en 1891 et en 1892 qu'il y a eu un excédent dans l'exportation, en y ajoutant la valeur des métaux précieux exportés à celui des produits spécialement destinés au commerce, parce que le contraire a eu lieu pendant toutes les autres années, mais sur une plus forte échelle pendant les années antérieures à 1890.

Les ressources dont nous pouvions disposer hors du pays ont permis pendant plusieurs années, comme on le voit, non seulement de satisfaire aux paiements internationaux, sans changer les conditions monétaires de notre marché intérieur, et de conserver la valeur des marchandises importées pour la consommation à un niveau beaucoup plus élevé que celui des exportations, mais encore d'importer une valeur plus grande de métaux précieux que celle que nous exportions.

Il est certain que dans plusieurs pays plus avancés en civilisation et dont la prospérité va toujours en croissant, il se produit le fait que les valeurs des importations sont de beaucoup supérieures à celles des exportations; mais dans ces pays-là c'est par la propre richesse et par le revenu de capitaux engagés dans les entreprises ou industries établies dans d'autres régions que se compense la différence entre la valeur des marchandises importées pour l'usage national et celle des marchandises exportées pour les marchés extérieurs, sans que la situation du change soit modifiée par cet échange de produits.

Mais lorsque ces circonstances ne se produisent pas, comme cela a eu lieu chez nous pendant les dernières années, pour solder le déficit économique il faut évidemment qu'il y ait un fort excédent d'exportations sur les importations. C'est aussi par ce moyen que quelques-unes des plus riches nations de l'Europe sont parvenues à vaincre les difficultés financières accidentelles, où elles se sont trouvées, pour avoir été obligées par des circonstances fortuites à faire à l'étranger des paiements importants et extraordinaires en disproportion avec leurs propres ressources ordinaires.

Même en faisant de grandes corrections sur les valeurs déclarées par les manifestes de notre exportation, on voit aisément que, pour que le change se maintînt au pair, ou presque au pair, sans écarts sensibles, depuis

1861 jusqu'en 1891, il a fallu que la compensation du grand déficit, que la statistique présente dans notre mouvement commercial, nous vînt d'ailleurs. Pour que l'équilibre se rétablisse encore mieux, tant que les ressources que nous recevions du dehors, et principalement du Brésil, nous feront défaut, il est indispensable que l'exportation des produits de notre sol et de l'industrie nationale augmente, et spécialement celle des produits coloniaux, sans quoi nous nous efforcerons en vain d'améliorer notre situation financière, qui est étroitement liée à celle du change. Tous nos efforts doivent donc se concentrer actuellement dans cette direction.

Ce n'est seulement pas le paiement de la dette extérieure qui exige, à cause de la perte sur le change, une dépense plus considérable.

Il faut aussi considérer les dépenses des diverses administrations à la charge de l'État pour l'achat à l'étranger des objets indispensables à l'exploitation. La perte que le public éprouve du fait de la dépréciation du change, loin d'être inférieure, est de beaucoup supérieure, quoiqu'il y ait des gens qui croient, à tort, que cette perte est toujours compensée par une plus grande exportation des produits de l'industrie nationale et de l'agriculture ou des produits coloniaux, qui peuvent, en vertu de la différence du change, concourir plus facilement avec les produits ou denrées semblables des autres pays.

Pendant les premiers temps, il y a effectivement pour l'exportation un certain avantage qui favorise et encourage cette branche de commerce, mais bientôt ce bénéfice cesse en grande partie parce que les prix tendent à se niveler en vertu des lois naturelles et économiques qui régissent l'établissement de la valeur des objets de commerce.

CIRCULATION FIDUCIAIRE

Lorsqu'il est indispensable d'avoir recours au régime du cours forcé, comme cela a eu lieu chez nous, la situation du change se complique encore davantage, attendu que l'inconvertibilité de la circulation fiduciaire est toujours une cause déterminante de perte et de variations du change, qui peuvent prendre de grandes proportions, indépendamment des autres causes économiques dont il ressent l'influence. L'inconvertibilité des billets de banque est, à elle seule, la cause de la dépression de la valeur de la seule monnaie qui circule, et l'excédent de la circulation l'aggrave encore davantage, surtout lorsque cet excédent devient nécessaire pour faire face aux dépenses de l'État. C'est notre cas ; et il me semble inutile de prétendre l'ignorer.

L'histoire de la Banque de Portugal est étroitement liée à celle des finances publiques pendant les sept dernières années, parce qu'on a eu souvent recours à elle pendant cette période, afin d'assurer les paiements urgents de l'État, lorsque les circonstances ne permettaient pas l'emploi d'autres moyens.

C'est ainsi que, le 7 mai 1891, la Banque a été autorisée à échanger, pendant le délai de trois mois, ses billets représentatifs de la monnaie d'or contre de la monnaie d'argent, tout d'abord, et contre moitié argent et moitié or, lorsque le Gouvernement et la Banque reconnaîtraient la nécessité de cette mesure, l'exécution de l'article 9 de la loi du 29 juillet 1854 demeurant ainsi suspendue. Le maximum des billets en circulation fut fixé au triple des existences en métal et, en même temps, le compte courant du Trésor fut élevé à 4:000 contos de reis, et autorisation fut donnée de frapper de la monnaie d'argent jusqu'à concurrence de 2:000 contos de reis. Le gouvernement déclara aussi qu'il mettrait à la disposition de la Banque, en or, et dans le délai de trois mois, le montant qu'il lui devrait.

Ces mesures étaient fondées sur ce fait que le Trésor ne pouvait s'empêcher d'augmenter temporairement son compte de crédit, tant que le recouvrement du produit de l'emprunt autorisé par la loi du 23 mars de ladite année ne serait pas achevé, et sur ce qu'il était également indispensable de mettre la Banque en position de fournir aux autres établissements de crédit et au commerce les ressources pour les transactions intérieures, sans que les réserves de la Banque disparussent.

Mais on s'aperçut, quelques jours après, au moyen des renseignements obtenus de la Banque elle-même et d'ailleurs, que ces mesures n'étaient point suffisantes. Le 10 dudit mois il fut décrété un sursis de soixante jours pour le paiement de lettres de change, de billets à ordre, de dépôts, de titres commerciaux et fiduciaires ; et la loi du 30 juin suivant autorisa la réforme du régime monétaire et de la Banque de Portugal. Peu après, le 9 juillet, quand le sursis accordé le 9 mai allait expirer, la continuation de l'inconvertibilité des billets de la Banque de Portugal fut décrétée, sous la condition que la circulation de ces billets ne pourrait excéder la limite fixée par la loi du 28 juillet 1887, et que toute augmentation, même en dedans de cette limite, de la quantité de billets émis ne pourrait avoir lieu sans l'autorisation du gouvernement. Le débit du compte courant du Trésor était déjà de 6.669:451$633 reis: par décision ministérielle du 16 de ce mois, une nouvelle émission de 2:000 contos de reis en billets fut autorisée. Mais cette mesure ne fut pas suffisante: car, le 20 août suivant, la Banque fut autorisée à porter l'émission jusqu'à la limite fixée par la loi, déjà citée, de 1887.

Cette résolution était fondée sur ce que, eu égard à l'état du compte courant avec le Trésor, la Banque ne pouvait pas subvenir régulièrement aux opérations indispensables au commerce et à l'industrie, parce que la restriction établie pour l'émission fiduciaire s'y opposait.

La circulation des billets s'élevait donc alors à 27:000 contos de reis, mais le Gouvernement déclarait en même temps qu'il était en train de faire des opérations destinées à couvrir immédiatement son débet.

On reconnut bientôt la nécessité d'augmenter encore l'émission des billets de la Banque de Portugal, attendu que les mêmes motifs qui avaient déterminé les augmentations successives existaient toujours. Par décret du 17 octobre 1891, le gouvernement autorisa la Banque de Portugal à atteindre le chiffre de 31:500 contos de reis, le Trésor garantissant l'excédent de son débet en compte courant par une délégation représentative de la somme de 9:000 contos de reis, qu'il pouvait se procurer par une série nouvelle de l'emprunt des tabacs, aux termes du contrat du 26 février 1891 et de la loi du 23 mars de la même année.

Cela n'a pas suffi. Par contrat du 4 décembre de l'an précité, la circulation fiduciaire fut augmentée encore une fois; la Banque fut autorisée à émettre des billets jusqu'à concurrence de 40:500 contos de reis, chiffre qui correspondait au titre de son capital social.

Le montant des billets en circulation au commencement du mois de mai 1891 était de 8:230 contos de reis, et le 31 décembre de la même année il s'élevait à 34:760 contos de reis.

Il y avait donc eu, en huit mois, une augmentation de 26:530 contos de reis.

Dès le commencement de l'année suivante, ce chiffre s'augmentait de 1:688 contos de reis en janvier, et de 3:226 contos de reis en mars.

La situation financière du Trésor continuant à s'aggraver, la décision ministérielle du 4 avril 1892, prise sur proposition de l'administration générale de la Banque, éleva la limite de la circulation fiduciaire au chiffre de 54:000 contos de reis, comme mesure transitoire jusqu'à ce que le moyen de retourner au régime normal fut réglé d'un commun accord.

La limite fut successivement élevée à 63:000 contos de reis par contrat du 8 février 1895, et à 72:000 contos de reis par décret du 30 juin 1898, fondé sur la loi du 30 septembre de l'année précédente. Le crédit gratuit du gouvernement s'est élevé par le contrat de 1895 à 21:000 contos de reis, et depuis juillet 1898 à 27:000 contos de reis.

Ce que je viens d'exposer si rapidement fait bien voir comment le montant de la circulation fiduciaire allait toujours en augmentation successive et quelle aide la Banque de Portugal prêtait au gouvernement.

Pendant toute cette période, la provision des réserves métalliques s'est élevée de 3:938 contos de reis à la fin avril 1891, à 13:261 contos de reis au 31 décembre 1898, et la circulation des billets s'est élevée de 7:961 contos de reis jusqu'à 69:655 contos, c'est-à-dire que la proportion entre les réserves métalliques et la circulation, qui était de 49,4 0/0 en avril 1891, a baissé à 19 0/0 à la fin de l'année 1898.

En examinant aussi quelle a été, à différentes époques, le montant des disponibilités de la Banque, ou la différence entre la circulation des billets et les sommes dues par le gouvernement, il est facile de reconnaitre qu'il n'était pas sensiblement inférieur en décembre 1898 à ce qu'il avait été pendant d'autres années précédentes, et qu'il était même supérieur à celui de quelques-unes de ces années. Et si, en 1898, les disponibilités n'étaient pas plus fortes, c'est parce que la Banque n'avait pas encore placé une partie de l'émission de l'emprunt autorisé pour le paiement des classes inactives.

Le gouvernement ne voyait donc aucune cause qui justifiât la nouvelle augmentation de la circulation fiduciaire ; bien au contraire, tout lui conseillait de tâcher de la restreindre, surtout parce que les réserves métalliques n'avaient pas augmenté, et que le montant des valeurs facilement négociables sur les marchés étrangers, à l'actif de la Banque, n'était pas plus considérable.

Le gouvernement s'est refusé à consentir à une augmentation de la circulation des billets, malgré les instances de l'Association commerciale de Lisbonne, et aujourd'hui il est évident qu'un tel expédient aurait été une erreur des plus graves dans cette conjoncture, puisqu'il ne pouvait pas même s'expliquer par les nécessités réelles du commerce et de l'industrie, attendu que la valeur du portefeuille commercial des banques, en octobre, était plus élevé que celui de tous les mois écoulés jusqu'en juillet, le chiffre des dépôts n'ayant pas diminué considérablement, comme je l'ai démontré au commencement de ce rapport.

Je me suis occupé très largement de cette question, qui me paraît avoir une grande importance dans l'actualité, et nous devons diriger tous nos efforts à restreindre la circulation des notes inconvertibles ; car la grande dépression du change provient principalement de l'excès de cette circulation.

Le contrat du 9 février 1893 a établi le moyen d'arriver à ce résultat d'une manière progressive, et le gouvernement l'a déjà employé ; mais l'exécution de ce contrat, par sa lenteur excessive, ne suffit pas : il faut employer tous les moyens capables de faire cesser le plus rapidement possible l'inconvertibilité des billets ; et, dans ce but, il me paraît évident que la circulation fiduciaire actuelle doit se restreindre, si la réserve métallique ne peut augmenter dans la proportion nécessaire.

Le Gouvernement appellera opportunément votre attention sur les moyens les plus propres à pourvoir à ce besoin, sans trop peser sur l'État.

POPULATION DU ROYAUME

Afin de compléter l'étude de la situation commerciale et économique de notre pays, il est indispensable d'examiner également tous les faits qui ont rapport au mouvement de la population pendant ces dernières années, en les comparant à ceux qui ont lieu dans les autres pays d'Europe. On verra ainsi ce qui doit être corrigé ou amélioré, afin que de ce côté nous puissions accompagner aussi le progrès des autres nations, et que les conditions démographiques ne soient pas moins favorables pour nous.

Les cinq tableaux-ci annexés (N°s XXI à XXI) donnent une idée nette du mouvement de la population pendant ce siècle, spécialement pendant les dix années qui se sont écoulées depuis 1887 à 1896, qui est la dernière sur laquelle nous possédons des renseignements complets.

Le nombre absolu des mariages était en 1896 inférieur à celui de toutes les années précédentes, et par conséquent assez inférieur aussi à la moyenne de ces dix années. Le nombre des naissances était, au contraire, un peu plus élevé que celui des deux années précédentes, mais encore assez inférieur à la moyenne. Le nombre des décès s'est maintenu assez élevé pendant cette année, et seulement en 1890 la mortalité a été plus élevée qu'en 1896. D'un autre côté, l'émigration qui avait augmenté considérablement en 1895, a baissé en 1896, pour se rapprocher de la moyenne des dix années ; et l'excès des naissances sur les décès et celui de l'émigration a haussé de nouveau en 1896, quoique restant encore inférieur à celui des autres années, à la seule exception de 1890 et de 1895.

La moyenne des naissances par rapport à 1.000 habitants a diminué ; c'est seulement en 1894 qu'elle a été inférieure à celle de 1896, la moyenne des décès étant aussi plus élevée ; mais l'émigration ayant été plus réduite en 1896, il en est résulté que l'excès des naissances sur les décès et celui de l'émigration s'est élevé à 1,92 par 1.000 habitants, tandis que pendant l'année précédente il n'avait été que de 0,62.

Relativement aux différentes nations de l'Europe, le Portugal occupe le dixième rang dans l'ordre décroissant des naissances, et le neuvième dans l'ordre croissant de la mortalité.

Quant à l'excédent des naissances sur les décès, notre pays est le onzième, la Bulgarie se trouvant au premier rang avec 15,7 par 1.000 habitants et la France au dernier avec 0,7. La moyenne de notre pays est de 9,8. En ce qui concerne l'émigration, on voit que, dans la dernière période de 1891 à 1896, elle a pris une plus grande importance que pendant les années précédentes.

Ainsi donc, la moyenne par 1.000 habitants n'a été que de 2,91 entre 1871 et 1880, et s'est accrue jusqu'à 3,90 pendant les dix années suivantes, et jusqu'à 6,01 pendant la période de 1891 à 1896 : ce qui a fort entravé l'augmentation de la population dont le développement avait été remarquable pendant les années précédentes.

De 1801 à 1840, la population du royaume peut être considérée presque stationnaire : ce qui s'explique par les événements politiques de cette époque extrêmement agitée, pendant laquelle, aux invasions successives que notre pays a souffertes, s'ajoutèrent les luttes civiles qui ont précédé et suivi l'établissement du régime représentatif parmi nous. L'augmentation absolue de la population pendant ces trente années n'a été que de 500.000 habitants ; et, de 1875 à 1897, il y a eu un accroissement de 811.000 habitants, ce qui démontre bien que notre population s'est développée le plus pendant les vingt dernières années, malgré une petite diminution depuis 1890. La plus grande augmentation de la population du royaume a eu lieu pendant la période de 1878 à 1890, quoique l'émigration ait alors été assez forte. L'augmentation par 1.000 habitants de 1875 à 1897 était de 181,4 en Portugal, ce qui est inférieur à la moyenne générale de l'Europe pendant la même période, 251,6. Notre pays n'est pas le dernier en ce qui regarde l'accroissement de population, car après nous viennent l'Italie, la France, l'Espagne et la Suède. Nous devrons, en tout cas, prendre des mesures et ne pas aggraver davantage la situation des classes le moins favorisées de la fortune, au sein desquelles les effets des crises commerciales et sociales se ressentent plus promptement. Diriger sur les colonies l'excédent de bras sans occupation utile et lucrative dans le royaume, ou au moins d'accord avec les aspirations et l'ambition naturelle de quiconque aspire à de meilleures conditions sociales, est un devoir pour tous et en même temps un moyen utile de développer et de faire prospérer nos colonies.

La grande émigration pour le Brésil n'a pas empêché l'accroissement progressif de notre population et de notre richesse nationale, prouvé par la statistique ; bien au contraire, tout porte à croire qu'elle a été un des facteurs les plus importants de notre amélioration économique si accentuée pendant cette même période. En facilitant l'établissement dans nos possessions d'outre-mer des colons qui émigrent des régions les plus peuplées du royaume dans d'autres pays, nous contribuerons au développement de la prospérité de notre vaste domaine colonial, dans un avenir prochain, augmentant ainsi les relations avec la mère patrie, et obtenant pour plusieurs industries nationales de vastes marchés et des éléments nouveaux pour le développement de notre commerce. Il en résultera aussi une augmentation de la richesse publique, et notre situation financière s'améliorera également.

J'ai fait voir comment le commerce colonial s'est développé pendant ces dernières années et comment notre balance économique en a recueilli des avantages réels. Tout nous conseille donc de continuer dans cette voie. Un des moyens les plus efficaces pour atteindre ce but consiste à attirer les émigrants dans ces provinces, évitant ainsi que tant d'existences aillent se perdre dans d'autres régions dont les conditions sont moins favorables pour l'acquisition de la fortune et d'une meilleure position sociale. Tous nos efforts doivent être dirigés dans ce sens par une action continuelle et une persévérance sans relâche.

MOUVEMENT DES CHEMINS DE FER

Par le tableau nº XXV et le « graphique » respectif, on peut apprécier l'influence que la crise financière de 1890 et 1891 a eue sur le mouvement des passagers et des marchandises sur le réseau général des chemins de fer à voie large et à voie réduite.

Depuis l'année 1888, ce fut en 1892 que le revenu des chemins de fer atteignit son minimum. C'était alors que le pays venait de payer à l'étranger plus de 45:000 contos de reis ; mais, l'année suivante, ce revenu commença à se relever à tel point, que celui de 1898 a dépassé de 517 contos de reis celui de l'année précédente. C'est la meilleure preuve de l'amélioration qui se produit dans la situation économique et commerciale du pays. Mais il en est une autre qui accompagne et démontre la prospérité d'une nation : c'est celle du mouvement des postes et télégraphes.

MOUVEMENT DES POSTES ET TÉLÉGRAPHES

Actuellement, ce ne sont pas seulement les lettres et les télégrammes qui représentent ce mouvement : ce sont les colis-postaux, dont les droits d'importation sont pour les douanes une source abondante de revenu ; ce sont les mandats postaux et télégraphiques qui donnent un revenu considérable au Trésor. Le tableau respectif et son « graphique » donnent une idée nette de ces différentes recettes et démontrent qu'à partir de 1890, malgré la crise financière, les revenus bruts ou nets de ces services ont augmenté considérablement.

MESURES A ADOPTER

Messieurs,

Afin d'obtenir l'équilibre réel et effectif du budget, but auquel doivent tendre tous nos efforts, il y a deux sortes de mesures qu'il est indispensable d'adopter : la réduction des dépenses inutiles et improductives, et l'augmentation du revenu des impôts actuels en les remaniant, et en améliorant leur mode de distribution et de perception.

La réduction des dépenses s'impose d'une manière intransigeante, lors même que de nouveaux sacrifices seraient nécessaires. Il faut absolument éviter non seulement tout superflu, mais même tout ce qui n'est pas indispensable pour la vie normale du pays.

L'augmentation des recettes peut s'obtenir par une meilleure distribution des impôts et des taxes correspondantes, afin que toutes les sommes qu'ils doivent produire soient perçues par le Trésor.

Je m'occuperai en premier lieu de la désignation de quelques chapitres des dépenses de l'État, occasionnant au Trésor des charges qui peuvent être plus facilement et considérablement réduites, sans porter préjudice aux droits acquis ni désorganiser les services. Je m'occuperai ensuite de l'augmentation des recettes.

RÉDUCTION DES DÉPENSES

I. — Employés attachés aux divers services.

Plusieurs cadres de fonctionnaires publics ont été élargis excessivement, sans que l'augmentation de la richesse nationale ou les exigences réelles du service l'aient justifié suffisamment ; il a donc été indispensable de les réduire afin de diminuer les dépenses, ce qu'on a tâché d'obtenir au moyen de réformes décrétées à diverses époques. Mais ces mesures n'ont pas toujours produit les résultats qu'on en attendait, et ce n'est que très graduellement que quelques-unes des économies prévues sont en voie de se réaliser.

Nous devons toutefois persévérer dans cette voie, surtout afin que les réformes décrétées soient exécutées aussi sûrement que rapidement, en même temps que celles qui seront nouvellement adoptées.

Il ne suffit pas, en effet, de réduire par la réorganisation des cadres le personnel des bureaux, ainsi qu'on l'a pratiqué quelquefois, pour obtenir immédiatement une économie considérable; parce que les employés, attachés ou surnuméraires des cadres fixés théoriquement, continueront à être payés tout comme s'ils étaient en service actif; et ces mesures deviennent encore moins efficaces si toutes les places vacantes dans les bureaux de catégorie analogue ne sont pas occupés par eux, comme il est arrivé, dans quelques cas, et spécialement dans ceux près desquels il y a des attachés. Ce fait provient en partie de l'interprétation qui a été donnée quelquefois aux dispositions légales qui ont réformé les services, et en partie des circonstances spéciales de ces services mêmes.

Il est vrai qu'il est impossible d'exiger que l'accès aux classes supérieures cesse absolument pendant plusieurs années, parce que le stimulant et la juste récompense dus au fonctionnaire qui s'acquitte avec régularité, zèle et aptitude des devoirs que la loi lui impose, disparaîtraient.

Il est cependant nécessaire que les économies dans le personnel des services soient réalisées dans le plus court délai prévu ; et, dans ce but, le gouvernement ne manquera pas d'employer tous les moyens, et de mettre à profit toutes les circonstances qui se présenteront et qui pourront aider à l'atteindre. Les modifications que je propose dans la loi qui régit les retraites des fonctionnaires civils faciliteront l'extinction de cette classe d'attachés, et ce résultat sera atteint également par une meilleure organisation de quelques services, question à laquelle le gouvernement donne avec sollicitude toute son attention.

La dépense qu'entraîne cette classe d'employés s'élève pour le prochain exercice, comme il est démontré par le budget, à la somme totale de 516:154$148 reis, ainsi répartie entre les différents Ministères :

Finances	229:635$571
Intérieur	26:337$400
Justice	58:366$661
Guerre	264$000
Marine	2:744$300
Affaires étrangères	1:210$000
Travaux publics...	197:599$216
Total ...	516:154$148

Au Département des Finances, il se produit un fait remarquable en ce qui concerne le service intérieur des douanes. La suppression des compagnies d'ouvriers emballeurs, mesure dont on espérait un meilleur service et une augmentation de recettes pour l'État, a produit exactement le contraire. Les cadres ont été élargis sans nécessité, et il existe encore aujourd'hui des employés aux appointements complets, et dans la situation d'attachés, nommés en 1863, 1865, 1874 et 1875, sans tenir compte d'un grand nombre dont les nominations sont antérieures à 1880.

Dans le cadre interne des douanes, il y a également des employés attachés dont les nominations remontent de 1868 à 1878. Le personnel de l'administration générale des douanes occasionne actuellement une dépense d'environ 132 contos de reis.

Sans porter atteinte aux intérêts légitimes, il convient de faire disparaître dans le plus bref délai possible cette classe d'employés, afin d'obtenir ainsi la diminution de dépense qui en résultera, en améliorant et simplifiant en même temps les services, qui sont fort lésés par cette multiplicité d'attachés de diverses catégories, et dont les attributions sont parfois mal définies et arbitraires.

II. — Classes inactives.

Les classes désignées par le nom d'inactives forment un autre chapitre important de dépenses budgétaires, que de temps à autre on s'est efforcé de réduire, mais sans résultat appréciable.

Pour l'exercice de 1899-1900, ce chapitre prévoit une dépense de 1.829:728$946 reis, qui se répartit entre les différentes classes comme suit :

Retraités.

Douanes et corps de douaniers...	322:649$045
Armée et établissements qui en dépendent	840:133$233
Flotte id. id.	195:447$330
Retraités civils	125:166$338
Pensions viagères	346:323$000
Total ...	1.829:728$945

Le tableau n° IV contient l'indication des dépenses pour ces classes depuis 1891-1892, aussi bien que leur répartition par ministères et par catégories.

Il résulte de ces données que cet article a augmenté presque sans interruption, et surtout de 1895-1896 à 1896-1897.

A partir de 1891-1892, il y a eu une diminution de dépense uniquement pour les retraites civiles et les pensions viagères, le chiffre des premières ayant baissé de 228:691$691 reis à 125:166$338 reis, et celui des secondes de 400:059$804 reis à 346:323$000 reis. Pour les retraites des employés des douanes et des douaniers, il y a eu une augmentation de 287:196$000 reis à 322:649$045 ; et pour ceux de l'armée et des établissements qui en dépendent, la dépense, qui était de 709:050$305 reis en 1891-1892, s'élève actuellement à 840:133$233 reis. Pour la Marine, on a dépensé en retraites 134:519$080 reis pendant ladite année, et pour l'année actuelle cet article du budget est de 195:447$330 reis.

Il y a eu aussi un accroissement de dépense à l'égard de la solde des officiers et des employés retraités, dont les appointements sont payés par les bureaux des colonies (voir le tableau IV g). Cette dépense était de 148:885$110 reis en 1890-1891 et, pour 1899-1900, on prévoit qu'il sera nécessaire de dépenser 262:586$890 reis, c'est-à-dire, qu'elle a presque doublé en dix ans, l'augmentation annuelle ayant oscillé entre 4:793$770 reis et 20:301$350 reis.

Outre le paiement des classes inactives à la charge de l'État, dont je viens de parler, il y a les établissements suivants qui reçoivent des subventions du Trésor :

Mont-de-piété officiel...	102:000$000
Mont-de-piété des douanes...	9:100$000
Caisse des retraites ...	55:500$000
Caisse des retraites des employés des tabacs..	10:000$000
Intérêts des inscriptions cédées par l'État pour servir de fonds permanent aux sections suivantes de la caisse de retraite :	
Des fonctionnaires civils ...	35:335$500
Des curés de paroisse ...	39:000$000
Total ...	250:935$500

En réunissant tous ces articles on voit que les classes inactives et les subventions à diverses institutions pour des pensions, ainsi que pour les retraites des fonctionnaires et des ouvriers de l'État, dans le royaume continental et aux colonies, absorbent la somme totale de 2,343:251$335 reis.

A cet article important, à la charge exclusive du Trésor, vient s'ajouter la valeur de la retenue annuelle faite à tous les fonctionnaires pour la caisse des retraites, ce qui diminue encore davantage leurs appointements déjà si réduits.

Le montant de cette retenue était en 1897-1898 :

Pour les fonctionnaires civils.	159:457$623
Pour les curés de paroisse...	4:671$716
Pour les professeurs d'instruction primaire...	16:358$097
Total ...	180:487$436

Jusqu'au 30 juin 1898 ces classes avaient contribué pour la caisse de retraite par la somme de 1,711:107$493 reis.

III. — Garanties des intérêts.

La dépense en garanties d'intérêts, ou de produits, à payer par le Trésor aux diverses entreprises subventionnées par l'État, en vertu de contrats spéciaux, est calculée au budget de 1899-1900, pour le prochain exercice, à la somme totale de 1,922:340$000 reis, répartis comme suit :

Chemins de fer	
Torres-Figueira e Alfarellos	622:500$000
Beira Baixa	
Foz-Tua à Mirandella	
Santa Comba Dão à Vizeu	
Loanda à Ambaca...	549,340$000
Salamanca-Frontière de Portugal	270:000$000
Mormugão	328:500$000
	1.770.340$000
Câble sous-marin jusqu'à Loanda	152:000$000
Total ...	1,922:340$000

Les paiements à la Compagnie du chemin de fer de Mormugão doivent se faire en or, et par conséquent il faut ajouter à la dépense ci-dessus indiquée la perte sur le change. Il faut également tenir compte de ce que les subventions payées à cette entreprise ne sont pas remboursables, tandis que les autres entreprises doivent restituer, à l'État, par les revenus futurs des lignes qu'elles exploitent, avec surplus des intérêts respectifs, les sommes qu'elles ont reçues et qu'elles recevront encore jusqu'à concurrence des garanties fixées par les contrats de concession.

Lorsque furent votées quelques-unes des lois qui autorisent, de la même manière, l'exécution des travaux auxquels ces contrats se rapportent on n'a certainement pas cru que les charges qui en résulteraient pour le Trésor seraient si élevées. On espérait toujours que le développement économique et commercial déterminé par ces entreprises atténuerait en peu de temps, les charges contractées ; mais cet espoir n'a pas correspondu à la réalité des faits.

Les sommes dépensées jusqu'au 30 juin dernier par le trésor de la métropole, en vertu de ces garanties, s'élèvent déjà au total de 12,146:175$504 reis, qui se répartit entre les diverses entreprises comme suit :

Lignes de Torres, Figueira e Alfarellos depuis 1888, et Beira Baixa depuis 1891	3,420:919$406
Ligne de Foz Tua à Mirandella, depuis 1887, et embranchement de Vizeu, depuis 1890..	1,103:333$505
Ligne de Loanda à Ambaca, depuis 1889...	3,672:844$022
Chemin de fer de Mormugão, depuis 1881..	2,398:628$950
Câble sous-marin à Angola, depuis 1886...	1,620:449$621
Total (1) ...	12,416:175$504

Outre les sommes versées par le Trésor de la métropole pour la garantie donnée au concessionnaire du chemin de fer de Mormugão, le trésor de l'Inde a dû supporter la dépense de 477:583.19.6, qui équivaut à 2,149:127$668 reis, en supposant le change au pair.

Les subventions payées à la Compagnie du chemin de fer de Mormugão ne sont pas remboursables, comme j'ai déjà dit; les autres entreprises

(1) Ce total ne comprend pas la somme avancée à la Compagnie de Salamanca, parce qu'il existe un contrat spécial pour son remboursement.

devront restituer à l'Etat les avances qu'elles ont déjà reçues, ou qu'elles recevront encore, ainsi que les intérêts, conformément aux contrats respectifs.

C'est une recette éventuelle sur laquelle on peut compter à l'avenir pour quelques-unes de ces entreprises: mais, pour le moment, la charge qui pèse sur le Trésor est considérable, non seulement à cause des intérêts des capitaux que l'on s'est procurés par voie d'emprunt pour le paiement de ces garanties, mais encore à cause de la dépense annuelle que l'État aura à supporter pendant longtemps encore.

IV. — Dépenses d'outre-mer.

Les dépenses effectuées par la métropole pour suppléer au déficit de quelques provinces d'outre mer, ont été, pendant les dernières années, une des plus lourdes charges du Trésor.

Depuis 1870-1871, jusqu'au 30 juin 1898, ces dépenses se sont élevées à la somme considérable de 37,057:008$996 reis, dont la répartition entre les diverses années financières figure au tableau IV c 5.

Comme on le reconnaitra facilement, il est de rigoureuse nécessité de restreindre ces dépenses le plus possible afin d'atteindre effectivement l'équilibre du budget. Pendant la dernière année financière, les charges des colonies, payées par la métropole, se sont élevées à 1.863:166$194 reis, et pour la présente elles sont prévues pour la somme de 1,867:162$000 reis, qui sera certainement réduite par les mesures que le Gouvernement a déjà adoptées et qui sont de sa compétence, et par celles qui ont été proposées à votre examen éclairé ; mais, en tout cas, ces charges seront encore importantes pour notre budget.

Parmi les dépenses du ressort des provinces d'outre-mer, qui ont été supportées par la métropole, je dois mentionner spécialement celles qui ont rapport au chemin de fer de Lourenço Marques et qui se trouvent comprises dans la somme ci-dessus indiquée.

Pour les travaux complémentaires de premier établissement du susdit chemin de fer, le Trésor de la métropole a dépensé, depuis 1889-1890 jusqu'à 1895-1896 inclusivement, la somme de 1,587:926$566 reis, sans compter celle de 76:442$623 reis pour l'exploitation de la même ligne. Le total, qui est resté de ce fait à la charge de la métropole, est par conséquent de 1,664:369$189 reis.

En ajoutant aux dépenses coloniales payées par la métropole pendant les vingt-sept dernières années ce qu'a coûté au Trésor la garantie d'intérêts des chemins de fer de Mormugão et de Loanda à Ambaca, ainsi que les câbles sous-marins de Loanda et de Mozambique, et l'achèvement et l'exploitation du chemin de fer de Lourenço Marques, on trouve la somme considérable de 46,807:110$778 reis. Si l'on considère qu'une partie importante des dépenses de la Marine devrait aussi être à la charge des colonies, on voit que la part de notre dette publique provenant de l'insuffisance des recettes des provinces d'outre-mer pour faire face depuis 1870 à leurs propres dépenses, est certainement supérieure à 60:000 contos de reis.

Sur tous les chapitres de dépenses, que j'ai rapidement ébauchés, il y a marge pour de grandes économies. Quelques-unes de ces économies seront le résultat de l'extinction graduelle de la classe des fonctionnaires attachés et surnuméraires, aussi bien que des vacances qui auront lieu dans celle des retraités et des pensionnaires à la charge du Trésor, si de nouvelles mesures législatives ne viennent pas augmenter la dépense à faire pour cette classe d'anciens employés de l'État ; d'autres économies très importantes devront résulter de l'accroissement des recettes de l'exploitation des chemins de fer garantis par l'État ; et enfin, une meilleure administration coloniale pourra non seulement alléger le budget de la métropole de toutes les dépenses d'outre-mer, mais encore permettre le transfert au trésor de ces provinces d'une partie des charges découlant des emprunts contractés pour faire face, à diverses époques, à l'insuffisance des recettes de quelques-unes de nos colonies.

C'est, toutefois, dans les travaux à exécuter par le Ministère des Travaux publics et dans le matériel dont l'acquisition est à la charge des Ministères de la Guerre et de la Marine, que les réductions pourront être immédiates et palpables.

Il me semble que nous devrions concentrer le plus possible toutes les dépenses dans l'achèvement des travaux en voie d'exécution, et ne pas en commencer de nouveaux dont l'urgence ne fût pas prouvée et réclamée avec instance.

Nous avons vu comment au Ministère des Travaux publics les dépenses ordinaires, pendant la gestion de 1897-1898, ont été réduites de 648:774$361 dont 577:892$952 pour les édifices publics : il faudra donc faire de même pour les autres dépenses, sans produire des perturbations sensibles dans l'économie générale du pays.

On doit aussi restreindre beaucoup l'achat du matériel et liquider tout d'abord celui qui a déjà été fourni, parce que, si les dépenses qu'il a occasionnées ne sont pas soldées rapidement, elles entraîneront des embarras financiers au Trésor par le discrédit qui en résulte pour le pays à l'étranger.

Il ne faudrait pas supposer que mon intention soit de paralyser les travaux publics dans le pays, ainsi que la marche des progrès matériels; mais nous devons conserver d'abord ce qui est construit, achever ce qui est en voie de construction, et n'entreprendre, pour le moment, que les améliorations urgentes et généralement réclamées comme nécessaires.

Il ne suffit pas, cependant, de réduire les dépenses; il faut que nous soyons tous convaincus de la nécessité de faire en sorte que les impôts actuels produisent le maximum qu'ils doivent atteindre. Ce n'est que par ce moyen que nous pourrons racheter notre crédit.

Dans ce but, et pour faire face aux besoins urgents de l'administration publique et à une meilleure surveillance de la gestion du Trésor, et afin d'assurer la distribution régulière des impôts et leur perception, ainsi que pour améliorer quelques services de l'État, j'ai l'honneur de soumettre à votre appréciation éclairée les propositions de loi dont je vais brièvement justifier les dispositions.

PROPOSITIONS DE LOI

Comptabilité publique.

Cette question s'est présentée à moi comme une des premières dont je devais m'occuper, parce que la loi qui réforma ce service date de 1881 et a subi depuis plusieurs modifications, qui ont altéré sur certains points les principes qui servirent primitivement de base au règlement général de la comptabilité publique. Il était donc indispensable de réunir en un seul code tous les règlements en vigueur, et tout naturel de profiter de cette occasion pour améliorer ce service extrêmement important, et y introduire toutes les réformes nécessaires afin qu'il y ait la plus grande rigueur dans l'application des deniers publics, et que la surveillance du parlement puisse s'exercer à temps et soit efficace.

Pour atteindre ce but, il convient de réduire au minimum le temps de l'exercice, en le rapprochant le plus possible de celui de la gestion, et en limitant le terme complémentaire à trois mois, terme plus que suffisant pour terminer les opérations liquidées pendant l'année financière. Cette proposition diminue aussi le délai pour quelques opérations qui peuvent dépasser exceptionnellement la période complémentaire.

Il y a des pays où la gestion et l'exercice du Trésor comportent une période égale, qui est celle des années économiques ou financières, sans période complémentaire pour l'exercice en plus de celui de la gestion. Il me semble que, par la méthode adoptée, nous arriverons presque au même résultat.

Il convient aussi de rapprocher le plus possible la préparation du budget de l'époque où il doit commencer à être mis en vigueur, parce que les recettes, aussi bien que les dépenses, seront calculées plus exactement ; et, à cet effet, je propose que le budget soit présenté le 15 février de chaque année, au plus tard, lorsque les chambres sont réunies, ou le jour après lequel elles seront constituées, si elles se réunissent après cette date.

De nouvelles dispositions sont établies dans la proposition de loi, applicables aux crédits spéciaux, ainsi que d'autres mesures qui permettront de mieux surveiller les revenus publics. En outre, le nouveau règlement sera mis d'accord avec les dispositions récemment promulguées pour le service de la cour des comptes.

En ce qui concerne la publicité des comptes du Trésor, outre les dispositions de la proposition de loi soumises au Parlement et qu'il complétera ou altérera comme il le jugera utile aux intérêts publics, le règlement en établira d'autres qui amélioreront ce service.

INSPECTION DES SERVICES DES CONTRIBUTIONS DIRECTES DU TIMBRE ET DE L'ENREGISTREMENT

Des essais ont été faits à diverses époques pour organiser l'inspection régulière des services qui dépendent de la direction générale des contributions directes, ainsi que du timbre et de l'enregistrement, qui incombent en grande partie aux délégations des finances dans les districts et les arrondissements, mais sans qu'on ait obtenu jusqu'à présent le résultat qu'on en attendait. Les travaux à la charge de ces délégations sont des plus compliqués, non seulement pour que l'imposition se fasse avec justice et égalité, mais encore afin que la perception soit rigoureuse et que le Trésor reçoive intégralement ce que les contribuables doivent payer. Des faits récents ont démontré l'inefficacité des méthodes employées pour la surveillance de cette branche si importante du service; car des sommes considérables n'ont pas été perçues par le Trésor, sans qu'on ait pu empêcher des détournements criminels ni éviter la malversation des deniers publics.

Afin d'obtenir tous les renseignements qui me missent à même de proposer la modification de quelques-uns des impôts directs, ce qui me semble indispensable pour que le revenu de ces impôts soit d'accord avec l'accroissement de la richesse publique, et que les impôts eux-mêmes soient appliqués également à tous les contribuables, sans faveur ni exceptions, j'ai jugé nécessaire d'ordonner des inspections extraordinaires dans les délégations des finances des divers districts. Le résultat de ces inspections a prouvé la nécessité d'organiser un système régulier de surveillance pour éviter des détournements semblables à ceux qui ont été pratiqués et faire observer toutes les dispositions légales qui régissent la répartition et la perception des impôts.

Les impôts dénommés directs et ceux du timbre et de l'enregistrement rapportent au Trésor plus de 15:000 contos de reis, annuellement ; les délégations des finances ont une part d'action plus ou moins importante dans le service de ces impôts ; cette raison est suffisante pour que des services si importants soient surveillés d'une façon permanente, rigoureusement et efficacement, par des employés spéciaux de catégorie supérieure, et par conséquent en mesure de mieux s'acquitter de telles fonctions.

Il existe actuellement au service de surveillance trente-six employés de diverses catégories et attributions. Il y a des inspecteurs des finances, des contributions directes et de l'enregistrement, des inspecteurs et des contrôleurs du timbre, des surveillants de plusieurs classes exerçant leurs fonctions sans l'union et l'harmonie qui devraient exister pour des services qui dépendent de la même direction générale. Malgré cela, la surveillance ne s'exerce pas avec la régularité indispensable, et c'est surtout dans le service des délégations des finances des arrondissements que la nécessité de cette inspection, pour ainsi dire permanente, se fait le plus sentir.

La dépense que le Trésor fait actuellement pour rétribuer tous les fonctionnaires chargés de cette surveillance est très élevée, et ne correspond pas complètement au résultat qu'on avait le droit d'en attendre.

La nécessité n'est pas moins grande de surveiller le travail des délégations des finances dans les districts. Il y a, en effet, des délégations dont le service est très arriéré et où il se fait avec des irrégularités et des omissions qui exigent un prompt remède.

Il est également nécessaire de vérifier comment les divers employés, chargés du service si important de l'établissement et de la perception de contributions, s'acquittent de leurs fonctions, afin d'en tenir compte pour leur promotion d'une classe à l'autre, et de reconnaître la capacité et les aptitudes de tous les employés des délégations des finances dans les districts. Plusieurs abus seront alors corrigés et les serviteurs si utiles de l'État, auxquels incombent, des services si importants, seront encouragés à mieux remplir leurs fonctions et verront ainsi récompensés leurs efforts et leurs travaux.

Je suis convaincu que nous obtiendrons, par un bon service de surveillance, un accroissement sensible du revenu, sans augmenter les taxes des contributions directes, mais en obtenant. par un établissement des impôts plus conforme à la justice et à l'égalité indispensables dans un service si intimement lié aux intérêts de la fortune publique, que des sommes considérables qui échappent actuellement à l'action légale par défaut de moyens de surveillance prompte et efficace, rentrent au Trésor. Il convient donc d'organiser les inspections avec un personnel capable, et de manière que la surveillance rigoureuse de tous les services des contributions directes, du timbre et de l'enregistrement, soit exercée opportunément, afin que les revenus publics soient perçus avec la plus exacte ponctualité, sans vexations ni injustices, mais avec le soin le plus scrupuleux, en observant la plus grande régularité dans la répartition des impôts et dans toutes les opérations qui précèdent la perception.

C'est là le but si utile de la proposition de loi que j'ai l'honneur de soumettre à votre jugement éclairé, et dont j'attends avec confiance les résultats les plus avantageux.

Il sera organisé un corps spécial d'employés affectés à l'inspection de tous les services qui dépendent de la direction générale des contributions directes, et recrutés parmi les fonctionnaires actuellement au service du Ministère de Finances, à l'exclusion de tout individu étranger à ce ministère. A l'avenir, la promotion aux différentes classes aura lieu, dans une certaine proportion, par voie de concours, et le concours sera toujours de rigueur pour l'admission à la dernière classe. Tous les services de surveillance seront confiés à ce corps spécial, et les mesures arbitraires auxquelles on avait eu recours dans le même but cesseront désormais.

Les inspecteurs supérieurs des finances auront qualité et disposeront des moyens nécessaires pour informer le ministre de la manière dont fonctionnent les services des délégations des finances dans les districts, ainsi que le reste du personnel, y compris celui qui est affecté aux services locaux de surveillance.

Le nombre, comme on le voit, est inférieur à celui des employés actuellement en service, et la dépense sera moindre.

L'amélioration du service sera le résultat principal de la bonne organisation de ce corps de surveillance, ainsi que du montage du service respectif, qui fera l'objet spécial du décret réglant l'exécution de cette loi.

CONTRIBUTION FONCIÈRE

La loi du 17 mai 1880 incorpora aux contingents de la contribution foncière divers impôts accessoires qui s'additionnaient à cette contribution, et fixa en même temps à 3:107 contos de reis le total à répartir entre les districts administratifs du royaume continental et des îles adjacentes, pour un revenu imposable inscrit sur les matrices foncières, non inférieur à 31:070 contos de reis. Elle établit en outre que, passé cette limite, cet impôt serait déterminé par le chiffre qui correspondrait au pourcentage fixe et permanent de 10 0/0 du revenu imposable à la date de la dernière clôture des rôles de cet impôt.

La même loi établit divers préceptes pour la bonne organisation des nouveaux rôles, et d'autres mesures furent adoptées postérieurement dans ce but. Le résultat a été de constater que la totalité du revenu imposable dépassait déjà en 1890 le chiffre de l'impôt par contingents, qui avait été fixé comme limite, pour substituer à l'établissement de répartition la cote permanente de 10 0/0, attendu que, cette année-là, bien que la révision des matrices de plusieurs arrondissements du royaume ne fût pas encore complète, le revenu inscrit s'élevait à 31:135 contos de reis.

Il semblerait donc que, depuis longtemps, l'établissement de la contribution foncière par quote fixe devrait être en vigueur, mais cela n'a pu se faire, surtout à cause de l'imperfection des nouveaux rôles, dont l'application aurait donné lieu à augmenter les inégalités qui existent actuellement dans divers districts entre arrondissements, et même entre « paroisses » du même arrondissement, sans tenir compte des différences existant entre les districts.

En effet, malgré la grande dépense faite depuis 1880 pour la révision des rôles fonciers, on a constaté sur plusieurs points de telles insuffisances dans l'établissement des rôles et surtout dans l'évaluation des propriétés rurales, que, pour faire droit aux justes réclamations des contribuables, l'administration a été obligée de faire procéder à de nouveaux travaux, qui sont encore en voie d'exécution dans quelques arrondissements.

Quelques-uns des rôles, formés il y a plus de quinze ans, ne furent soumis que beaucoup plus tard à l'appréciation des intéressés, et l'on vit alors que, dans la majorité des cas, ils ne représentaient plus l'état réel de la propriété rurale, et que, par conséquent, il était nécessaire de recommencer ce travail pour faire une révision presque totale, mais souvent incomplète, qui donna lieu à de nouvelles réclamations. De cette façon, les dépenses occasionnées par ce service, fait d'après les méthodes suivies jusqu'à présent, deviendraient constantes sans donner des résultats satisfaisants, mais en retardant l'exécution de ladite loi dont le but principal était d'augmenter progressivement le revenu de cet impôt par l'accroissement de la matière imposable, au lieu de le rendre stationnaire, comme il l'est depuis 1880.

Il est cependant hors de doute que pendant les dernières dix-huit années, la propriété urbaine a augmenté considérablement de valeur dans presque toutes les villes et localités du royaume, par suite de nouvelles constructions et d'améliorations des propriétés existantes ; et, d'un autre côté, la valeur de la propriété rurale, loin de diminuer, s'est sensiblement accrue à diverses reprises, comme il a été constaté par les inspections spéciales et directes, faites pendant les dernières années.

Pour obtenir une répartition plus équitable de l'impôt, il semble donc convenable de séparer la partie du contingent de la contribution, qui a rapport aux propriétés urbaines, de celui qui est de la propriété rurale proprement dite, en procédant immédiatement, par l'entremise de commissions dans les districts, à la formation du rôle et à l'évaluation des propriétés urbaines, et autant que possible au cadastre par un procédé dont l'expérience a donné les meilleurs résultats, et qui en donnera certainement de fort avantageux, laissant pour plus tard la formation et la vérification des rôles de la propriété rurale, travail dont les mêmes commissions s'occuperont, afin de centraliser ce service et d'obtenir ainsi l'uniformité des méthodes, et par conséquent une plus grande égalité dans les évaluations, condition essentielle de la distribution juste et équitable de l'impôt.

La contribution retombant sur la propriété urbaine sera conservée comme impôt de répartition, tant que le revenu imposable n'atteindra pas le chiffre nécessaire pour que le pourcentage soit égal à 10 0 0; mais elle augmentera annuellement au contingent principal ce qui concernera les propriétés nouvellement inscrites ou améliorées, afin que le produit de l'impôt corresponde toujours à l'accroissement de la matière imposable, comme de justice et d'accord avec les principes sur lesquels doit reposer un bon régime tributaire.

Telle est la base fondamentale de la proposition que j'ai l'honneur de présenter. Vous verrez qu'elle n'augmente pas l'impôt sur les propriétés actuellement inscrites sous leur valeur véritable et réelle, que le contingent principal de cette contribution n'est pas augmenté, et que seulement les propriétés nouvelles contribueront par la quote-part de leur propre revenu, et les améliorées par l'accroissement qu'elles auront eu de revenu imposable.

Les procédés proposés pour les nouvelles évaluations sont ceux qui, à en juger par l'expérience déjà faite, donneront le meilleur résultat, puisqu'on ne sait que trop à quel degré la méthode suivie jusqu'à présent est défectueuse.

Je crois aussi que la dépense sera moins grande que celle que l'on a souvent faite sans résultats appréciables, parce qu'on affectera à ce service le personnel hors cadres du Ministère des Travaux publics. Il y aura donc avantage à améliorer les procédés, et une moindre dépense des fonds publics, et c'est ce double but que s'efforcera d'atteindre la Commission qui fonctionnera près le Ministère des Finances tant que dureront les travaux de la révision des rôles.

Ce projet met fin à plusieurs exemptions qui se trouvent dans la législation actuelle, et tend en certains cas à éviter les irrégularités qui se produisent aujourd'hui dans la procédure pour annulations.

La séparation de la contribution foncière urbaine de la rurale existe dans quelques pays, et il en résulte des avantages pour l'État et pour les contribuables, attendu que la nature des revenus sur lesquels l'impôt retombe est diverse. Il faut donc espérer qu'elle produira un résultat semblable en Portugal, où cet impôt a été stationnaire depuis plus de dix-huit ans, malgré les progrès réalisés et la plus-value de la propriété en général, spécialement de la propriété urbaine.

Il ne résulte pas de l'adoption de ce projet une augmentation de charges pour les propriétés existantes. Il demande seulement aux propriétés nouvelles ou améliorées la progression qui doit être la conséquence naturelle de l'accroissement de la richesse publique, accroissement qui se manifeste évidemment pour les constructions civiles dans presque toutes les régions du pays.

En ce qui concerne la propriété rurale, le système actuel de l'établissement de l'impôt est maintenu ; et lorsque la rectification des rôles aura été terminée dans tout le pays, on reconnaîtra quelle est dans les diverses localités la proportion de l'impôt au revenu imposable.

Le moment sera alors venu de prendre des mesures pour que les charges soient dans tout le pays également proportionnelles au revenu des contribuables, comme elles doivent l'être.

IMPOT SOMPTUAIRE ET SUR LES VALEURS LOCATIVES

L'expérience de quelques années a démontré clairement que les bases comprises dans la loi du 17 juillet 1887, réglant l'établissement et la perception de la contribution somptuaire et de l'impôt sur les valeurs locatives, ont besoin d'être modifiées, non seulement pour garantir plus efficacement les intérêts légitimes du Trésor, mais encore pour assurer les principes de justice et d'équité qui doivent servir de règle à l'établissement et à la distribution de ces impôts.

Le projet que je vous présente n'a pas pour but de les augmenter. Les mesures proposées mettront à découvert quelques faits imposables cachés pour la plupart et soustraits à l'impôt au préjudice des contribuables honnêtes qui respectent les lois.

Pour la contribution sur la valeur locative des immeubles, il est donné plus d'ampleur aux limites d'exception établies par la loi du 17 juillet 1887. Il serait injuste qu'un impôt destiné à peser spécialement sur la commodité personnelle et sur le luxe atteignît les classes moins favorisées de la fortune, obligées par leurs faibles ressources à s'abriter dans des logis étroits et malsains, pour la plupart, qui ne peuvent pas être imposés comme les habitations commodes.

Pour les valeurs locatives comprises dans des limites qui font considérer un logement comme offrant une commodité personnelle, la taxe établie par les susdites bases du 17 juillet 1887, mais accrue des impôts additionnels qui sont abrogés, est maintenue ; pour les valeurs locatives plus importantes, et qui indiquent le luxe, ou une plus grande richesse et bien-être, conditions qui diffèrent beaucoup de celles de la commodité personnelle, des taxes progressives entre 10 et 15 pour cent sont établies sur des valeurs déterminées. Ces taxes n'atteindront que les contribuables qui veulent être imposés, en raison de l'ostentation de leurs moyens plus opulents et luxueux. Les résultats de la progression devront contre-balancer le déficit résultant dans l'établissement de l'impôt et de la recette, de l'ampleur accordée sur une plus forte échelle aux exemptions.

Les taxes fixes de la contribution somptuaire ne subissent aucune altération. Celles qui sont actuellement en vigueur, conformément au tableau annexé aux susdites bases du 17 juillet 1887, sont maintenues incorporées, en chiffres ronds, à quelques impôts additionnels qui s'y ajoutaient et qui sont maintenant abrogés.

Comme matière nouvelle imposable, la contribution somptuaire comprend l'usage des bicyclettes et des véhicules automobiles, qui doivent être imposés comme moyens de locomotion, et qui, représentant soit la commodité, soit le luxe, se trouvent dans les deux cas compris dans les principes sur lesquels se base cet impôt.

Les buts principaux des mesures indiquées dans cette proposition de loi, sont par conséquent d'améliorer les bases, actuellement très défectueuses, de l'application de la contribution sur la valeur locative des maisons, et de mettre à découvert les faits imposables, soumis à la contribution somptuaire, qui, dans tout le royaume, n'ont pas été compris dans les rôles respectifs, au grand préjudice du Trésor, autant que de la moralité.

Il est certain que ces contributions ne rapportent pas au Trésor tout ce qu'elles devraient produire, si l'on tient compte de l'amélioration qui s'est produite dans presque toutes les régions du royaume en ce qui concerne le bien-être et la manière de vivre de la grande majorité des habitants, Il est donc urgent d'adopter de nouvelles méthodes pour leur établissement et perception, d'autant plus que l'inefficacité des moyens légaux, dont le Trésor peut actuellement faire usage, est bien reconnue.

La contribution somptuaire reste stationnaire, ayant à peine dépassé pendant ces dernières années 90 contos de reis dans tous le pays, après avoir déjà produit 106 contos de reis. L'impôt sur la valeur locative des maisons produit aujourd'hui presque autant qu'en 1890, malgré le nombre croissant de constructions urbaines qui aurait dû déterminer un grand accroissement du revenu de cet impôt.

Ce sont ces contributions qui peuvent aussi atteindre le plus facilement les faits les plus probables et significatifs de la richesse individuelle, et c'est ce qui explique le bien fondé des mesures proposées dans le but d'en améliorer le revenu par l'application plus sûre des taxes à tous les faits imposables.

C'est ainsi que ces impôts deviendront progressifs et proportionnels à l'accroissement général de la richesse publique, et que rentrera au Trésor une part importante qui échappe maintenant à l'action fiscale par l'ambiguïté et l'insuffisance de la législation actuelle. Cette augmentation, on le voit, sera le résultat du perfectionnement dans l'établissement et la perception de l'impôt, sans que les contribuables qui paient aujourd'hui ce qu'ils doivent légalement payer y concourent. Il y aura donc bénéfice pour le Trésor, et œuvre de justice indispensable pour tout ce qui concerne les impôts.

CONTRIBUTION D'ENREGISTREMENT

La proposition de loi que je vous présente a pour but principal de prévenir des hypothèses omises ou mal définies, et de rendre la perception plus effective en empêchant quelques fraudes et abus qui se pratiquent au préjudice du Trésor, par suite de l'insuffisance de la législation actuelle.

Pour faire droit à des réclamations qui méritent d'être prises en considération, le projet réduit à 50 0/0 sur ce qu'il est actuellement obligatoire de payer pour les transmissions visées par l'article 4° de la loi du 18 mai 1880, principalement lorsque les capitaux existent dans un pays étranger où ils sont également soumis à cet impôt.

La proposition indique d'autres altérations, parmi lesquelles il faut mentionner tout spécialement celles qui ont trait à la compétence des agents du ministère public et des employés des finances pour la liquidation de cet impôt et la substitution des quotités dues à titre d'émoluments, tout en supprimant celles qui étaient payées aux régidors de paroisses, ce qui produira une économie importante.

Un nouveau règlement est également proposé, afin de mieux assurer la perception de cet impôt, dont la surveillance sera améliorée en même temps, sans augmentation de dépense : ce qui est l'objet d'une proposition spéciale. Je pense que les mesures proposées rendront cette contribution plus productive, sans qu'il soit nécessaire d'augmenter les taxes, mais en exerçant seulement plus de vigilance, afin que la liquidation soit plus exacte et la perception effective, sans les délais et les retards qui se produisent aujourd'hui.

RETRAITES CIVILES

La retraite des employés civils, réglementée par les décrets du 17 juillet 1886 (n° 1) et du 14 octobre de la même année, qui représentent les meilleures mesures adoptées pendant les derniers temps pour diminuer les charges du Trésor, exigent des modifications, afin que les pensions des employés admis à la retraite puissent être payées intégralement sans de nouveaux sacrifices pour le Trésor, en limitant les dépenses de la caisse des retraites et en augmentant ses ressources, sans qu'il soit nécessaire de recourir pour cela au contribuable.

En effet, la somme moyenne des pensions accordées est très élevée, parce que, d'après la législation en vigueur, le maximum des pensions est certainement exagéré et hors de proportion avec celui qu'on accorde aux fonctionnaires de catégorie correspondante dans d'autres pays.

Le tableau suivant montre quel a été, dès le commencement de chaque année financière écoulée depuis la promulgation du susdit décret du 17 juillet 1886, le nombre des retraites ordinaires et extraordinaires, la moyenne des pensions, la pension maximum et minimum, et la moyenne du montant de la pension ordinaire et de la pension extraordinaire.

Années	Nombre de retraites au commencement de chaque année financière		Moyenne des pensions au commencement de chaque année financière	Pension maximum	Pension minimum	Moyenne des pensions de retraite	
	Ordinaires	Extraordinaires				Ordinaires	Extra-ordinaires
SECTION DES FONCTIONNAIRES CIVILS							
1886-1887 ...	—	—	—	—	—	—	—
1887-1888 ...	48	60	449$997	2:133$333	56$400	581$661	341$066
1888-1889 ...	95	137	394$031	2:133$333	54$200	529$447	300$129
1889-1890 ...	116	178	370$013	2:133$333	54$200	493$339	289$644
1890-1891 ...	136	207	357$733	2:666$666	54$200	454$079	177$690
1891-1892 ...	160	230	386$954	2:666$666	54$200	478$524	323$254
1892-1893 ...	164	253	395$341	2:666$666	54$200	500$592	327$116
1893-1894 ...	166	281	378$418	3:666$666	54$200	482$551	316$901
1894-1895 ...	202	326	375$671	2:666$666	54$200	467$140	318$993
1895-1896 ...	230	378	379$899	2:666$666	54$200	474$572	322$293
1896-1897 ...	236	406	384$963	2:666$666	54$200	478$050	330$854
1897-1898 ...	253	431	390$132	2:666$666	50$666	494$463	328$888
1898-1899 ...	257	438	392$172	2:666$666	50$666	496$920	330$711
SECTION DU CLERGÉ PAROISSIAL							
1894-1895 ...	—	—	—	—	—	—	—
1895-1896 ...	19	1	305$468	639$268	150$000	313$651	150$000
1896-1897 ...	48	8	366$864	948$760	150$000	381$289	280$310
1897-1898 ...	90	8	357$219	948$760	132$000	370$404	208$885
1898-1899 ...	109	15	402$421	1:000$000	132$000	383$266	273$339
SECTION DES PROFESSEURS D'INSTRUCTION PRIMAIRE							
1894-1895 ...	—	—	—	—	—	—	—
1895-1896 ...	46	$	148$137	375$000	75$000	148$137	$
1896-1897 ...	65	$	144$412	375$000	75$000	144$412	$
1897-1898 ...	85	10	154$213	375$000	75$000	153$693	158$633
1898-1899 ...	117	45	152$029	375$000	75$000	157$302	138$320

Afin de corriger les défauts de la législation actuelle, le gouvernement présente la proposition de loi n° 6, dont le but principal est :

D'élever la limite de l'âge pour la retraite ordinaire, en établissant la juste proportion pour la pension de retraite extraordinaire, bien que la limite minimum du temps de service exigé pour pouvoir l'obtenir soit fixée à dix ans, période minimum de contribution du fonctionnaire pour la caisse des retraites pour que la pension puisse lui être accordée ;

De restreindre l'excédent des pensions qui dépassent 1:200$000 reis, de sorte qu'il ne puisse jamais élever la pension annuelle au-dessus de 1:500$000 reis ;

De faire contribuer tous les appointements à la caisse des retraites, la taxe de contribution étant cependant moindre pour les appointements existants au 17 juillet 1886 et qui étaient alloués aux employés ayant à cette date le droit d'être retraités ;

De ne pas compter pour la retraite le temps de congé, accordé pour n'importe quel motif, et excédant trente jours successifs ou intercalés pendant chaque année ; et de déterminer que l'administration de la caisse des retraites soit à la charge des secrétaires généraux des Ministères.

D'accord avec ces principes généraux, les mesures suivantes sont proposées :

La retraite ordinaire ne pourra s'obtenir qu'à l'âge de soixante-cinq ans après trente-cinq années de service, au lieu de soixante d'âge et trente de service, comme actuellement ; mais le fonctionnaire qui aura atteint l'âge de soixante-dix ans et servi effectivement pendant plus de quarante ans, pourra être retraité ou réclamer sa retraite sans être soumis à l'inspection médicale.

Pour les retraites extraordinaires le minimum exigé sera toujours de quarante ans d'âge, mais le temps de service est réduit à dix ans et la limite de la pension est abaissée dans la même proportion.

Le temps d'absence du service, pour n'importe quelle cause, excepté celui de trente jours successifs ou intercalés pendant chaque année, n'est pas admissible pour la retraite.

Le maximum de la pension de retraite ne pourra, dans aucun cas, excéder 1:200$000 reis, excepté pour les fonctionnaires appartenant à la magistrature judiciaire, ou au ministère public, et pour les professeurs retraités, sans avis préalable de la commission médicale ; et, en ce cas, la pension sera augmentée d'une somme égale à la moitié de la différence entre la totalité des appointements du fonctionnaire en activité de service, et celle de 1:200$000 reis ; mais, la pension ainsi augmentée ne pourra excéder la somme de 1:500$000 reis, libre de toutes les impositions légales qui grèvent le paiement des pensions.

Pour les retraites du clergé paroissial, il est fait des modifications qui sont d'accord avec celles que je viens d'indiquer. La pension maximum est limitée à 600$000 reis par an, et il est établi que le minimum ne pourra jamais être inférieur à 180$000 reis.

Les appointements des fonctionnaires actuellement exemptés, en tout ou en partie, de contribuer pour la caisse des retraites, mais dont le droit d'admission à la retraite était garanti, et qui percevaient ces appointements à l'époque de la publication du décret nº 1 du 17 juillet 1886, seront dorénavant soumis à la contribution de 2 0/0.

De même toutes les pensions accordées jusqu'à présent, ainsi que celles qui le seront à l'avenir, seront soumises à la contribution de 2 0/0.

On peut bien préjuger que les ressources actuelles de la caisse des retraites seront ainsi augmentées, d'une manière permanente, d'une somme supérieure à 10 contos de reis et que la dépense sera assez réduite.

Je ne crois pas nécessaire de modifier la législation relative aux retraites des professeurs de l'instruction primaire.

COMMISSION DE VÉRIFICATION DES COMPTES DES COMPAGNIES SUBVENTIONNÉES AVEC GARANTIE D'INTÉRÊTS

Les progrès matériels que le pays a réalisés depuis l'année 1852, dans le royaume continental et dans les provinces d'outre-mer, sont, comme je l'ai déjà dit, la cause des lourdes charges qui pèsent sur le Trésor public.

Les compagnies qui ont construit et exploitent des chemins de fer avec subvention kilométrique liquident facilement leurs comptes avec le Gouvernement ; mais celles qui ont une garantie d'intérêts donnent lieu à des liquidations financières compliquées, qui dans quelques pays, comme en France par exemple, incombent à une commission spéciale de vérification de comptes, créée par décret du 28 mars 1883.

Chez nous, ce ne sont pas seulement les chemins de fer qui jouissent de la garantie d'intérêts : les télégraphes sous-marins et les Compagnies territoriales d'outre-mer ont aussi la garantie de leurs obligations, une quote-part du partage des taxes ou un pourcentage des profits annuels.

Le Gouvernement est d'avis que la bonne administration des deniers publics exige que la justification de ces comptes soit faite à nouveau, ou qu'elle soit formulée de telle sorte que le paiement n'ait lieu qu'après une procédure régulière, qui ne puisse donner prise à aucun doute ni susciter plus tard des questions d'arbitrage ou de toute autre nature entre le Gouvernement et les Compagnies subventionnées.

Il pense que cette vérification et cette révision doivent comprendre non seulement les Compagnies de transports et de voies de communication, mais encore toutes celles d'utilité publique qui ont des comptes avec l'État ; comme celles qui exploitent des mines, des eaux ou des territoires, celles qui ont des monopoles de vente ou de fabrication, et autres.

L'exemption des droits de douane constitue souvent une subvention de grande valeur, qui se répète pendant plusieurs années, et dont le montant doit aussi être liquidé régulièrement.

De tels comptes doivent être soumis à la surveillance d'une Commission permanente, composée de hauts fonctionnaires des différents Ministères. Cette Commission sera constituée et mise en rapport immédiat avec le Ministère des Finances.

Les attributions de cette Commission doivent être très étendues en ce qui concerne l'examen des livres, la vérification des comptes des Compagnies subventionnées et la réquisition des documents existant dans les divers départements des Ministères, qu'elle croira nécessaires pour la vérification et la liquidation définitive des sommes dont le paiement ne sera ordonné qu'après qu'elles auront été collationnées et reconnues exactes par la Commission.

RETRAIT DES BILLETS REPRÉSENTATIFS DE LA MONNAIE D'ARGENT ET DE BILLON

La nécessité de remplacer promptement la monnaie d'argent et de billon, qui disparut de la circulation lors de la crise de 1891, obligea le Gouvernement à créer, par décret du 6 août de cette année-là, des billets de 100 et de 50 reis, représentant la monnaie de billon. Il n'y a que le besoin de faciliter les transactions commerciales, lorsqu'elles deviennent difficiles par la disparition du métal, qui puisse justifier l'émission du papier-monnaie de petite valeur, qui se salit et devient dégoûtant à la suite de sa circulation si large et qui se détruit facilement. Il est donc de la plus haute convenance que cette monnaie soit retirée de la circulation dès qu'il sera possible de la substituer par de la monnaie métallique.

Le Gouvernement pense que l'occasion est opportune pour substituer aux billets de 100 et de 50 reis de la monnaie de nickel d'égale valeur nominale, monnaie en tout point préférable au papier, et qui est adoptée dans plusieurs pays d'Europe et d'Amérique.

La monnaie de nickel existe en circulation en Belgique depuis 1860, aux États-Unis d'Amérique depuis 1865, en Allemagne depuis 1873, et elle a été adoptée plus tard dans plusieurs autres pays.

L'alliage de 25 de nickel et de 75 de cuivre est celui qui a été reconnu comme le meilleur pour la fabrication de cette monnaie et qui est universellement adopté. La monnaie de nickel ayant cet alliage est fort légère, d'une belle apparence et assez dure pour résister au frottement, toutes qualités qui la conservent pendant longtemps en bon état et qui la garantissent contre la falsification. Le seul changement, que cette monnaie subisse avec le temps et par la circulation, se réduit à prendre une couleur plus foncée, qui la fait distinguer plus facilement de la monnaie d'argent, ce qui, loin d'être un défaut, est plutôt un avantage. L'expérience a été faite dans tous les pays où la monnaie de nickel circule légalement, et, par conséquent, nous ne devons pas hésiter à suivre le même exemple.

Les pièces de nickel étant destinées à remplacer les billets de 100 et de 50 reis, il est naturel qu'elles aient la même valeur. Mais comme il ne convient pas qu'il y ait en circulation des monnaies de valeur nominale équivalente et de valeur intrinsèque différente, il est nécessaire de retirer les pièces d'argent de 100 et de 50 reis. Afin d'éviter la perte considérable que le Trésor supporterait s'il devait vendre l'argent provenant de la démonétisation, le Gouvernement croit utile de transformer ces pièces d'argent en d'autres de 1$000 reis analogues à celles de valeur à peu près égale qui circulent en France, en Espagne, aux États-Unis d'Amérique et dans d'autres pays, sous les noms de 5 francs, 5 pesetas, dollar, etc. Cette pièce de 1$000 reis, quoique lourde, est extrêmement commode pour le comptage, comme l'expérience l'a prouvé dans les pays susmentionnés.

Les pièces d'argent de 100 et de 50 reis étant devenues fort légères par l'usure, leur conversion en pièces de 1$000 reis occasionnera une perte importante, mais de beaucoup inférieure à celle qui résulterait de la vente de l'argent. Cette perte sera contre-balancée par les profits de l'émission de la monnaie de nickel.

Ces profits sont faciles à calculer. Le montant des billets en circulation étant d'environ 1:500 contos de reis (le 4 de ce mois 1,450:761$200 reis), le Gouvernement pense qu'il convient d'émettre 2:000 contos de reis en monnaie de nickel, l'excédent devant être destiné non seulement à couvrir les frais de frappe, mais aussi à suppléer le manque des pièces d'argent de 100 et de 50 reis qui existent réellement en circulation, et à contre-balancer la perte qui résultera de la refonte de ces pièces.

En émettant 2:000 contos de reis en pièces de nickel de 100 et de 50 reis, la proportion qui semble satisfaire le mieux aux besoins de la circulation est de 1:600 contos de reis de pièces de 100 reis pour 400 de pièces de 50 reis. La monnaie de nickel a une valeur intrinsèque insignifiante, n'exige pas un grand poids, et il n'est pas nécessaire d'observer la proportion entre le poids et la valeur nominale, comme cela est indispensable pour les monnaies d'or et d'argent. Aussi le Gouvernement pense-t-il que la pièce de 100 reis doit avoir le poids de 4 grammes, et celle de 50 reis le poids de 2,5 grammes.

Le prix du nickel sur le marché, qui est actuellement de 1$000 reis le kilogramme, est naturellement sujet à des oscillations d'une certaine importance. En admettant, comme hypothèse exagérée, que le prix du nickel soit de 1$500 reis, et celui du cuivre de 300 reis, le prix d'un kilogramme de monnaie formé de l'alliage de 25 de nickel et de 75 de cuivre, sera de 600 reis ; et en calculant à 1$000 reis le coût de la fabrication, on a

1$600 reis de dépense totale pour 1 kilogramme de monnaie. En émettant donc 1:600 contos de reis en pièces de 100 reis du poids de 4 grammes, et 400 contos de reis en pièces de 50 reis du poids de 2,5 grammes, le poids total des pièces de nickel sera de 84:000 kilogrammes qui, à 1$600 reis le kilogramme, coûteront 135 contos de reis (en nombres ronds).

Le profit résultant de la frappe de la monnaie sera par conséquent de 1:865 contos de reis.

Toutefois les billets de 100 et de 50 reis, dont la valeur totale est d'environ 1:500 contos de reis, devront être retirés de la circulation, et les pièces d'argent de 100 et de 50 reis, devenues si légères par l'usure, devront être refondues. En calculant la perte sur le poids à 15 0/0, ce qui est certainement exagéré, attendu que le montant de l'émission de ces pièces est de 1.120:792$400 reis, la perte résultant de la refonte sera de 168 contos de reis.

En déduisant donc du profit du monnayage 1:500 contos de reis de billets à substituer, et 168 contos de reis de la perte résultant de la refonte des petites pièces d'argent, il restera encore pour le Trésor un petit bénéfice net.

En vertu du décret du 30 juillet 1891, les pièces françaises d'argent de « 1 franc » ont cours légal en Portugal pour la valeur de 200 reis, pourvu qu'elles aient le poids de 5 grammes. Il semble utile de mettre fin à cette circulation, qui n'a été adoptée que provisoirement.

L'expérience journalière prouve l'insuffisance de la monnaie de billon de 5 reis dans la circulation, ce qui cause quelques embarras dans les transactions peu importantes. En vertu de la loi du 31 mai 1882, on frappa des pièces de bronze de 5 reis, représentant 130:650$000 reis, ce qui ne suffit pas aux besoins du petit commerce, comme je l'ai déjà dit. Le Gouvernement propose donc de faire monnayer 100 contos de reis de ces pièces, qui seront émises au fur et à mesure des exigences de la circulation.

Telles sont les bases de la proposition de loi que j'ai l'honneur de soumettre sur cette matière à l'examen éclairé de la Chambre.

La circulation monétaire s'améliorera ainsi sans introduire dans la circulation une valeur plus élevée de pièces d'argent, et en opérant en même temps le retrait, que tout semble conseiller, des billets représentatifs de la monnaie de billon.

IMPOT SUR LE REVENU DES INTÉRÊTS DES OBLIGATIONS DES COMPAGNIES OU SOCIÉTÉS

Les obligations des Compagnies, Banques ou Sociétés, et les titres de l'État payables à l'étranger, sont, en fait, exemptes de l'impôt sur le revenu, parce que c'est à l'étranger que le paiement se réalise, quoique les ressources soient créées dans le pays, et que ces titres appartiennent en partie à des nationaux. Il convient de remédier à cela dans les émissions futures, en rendant les établissements qui placeront ces valeurs à l'étranger responsables du paiement de cet impôt à l'État, afin d'éviter qu'une partie importante du capital soit formée, donne annuellement des intérêts et s'amortisse sans que le Trésor en ait la compensation qui lui est due. Il résultera de la mesure proposée que plusieurs de ces titres resteront domiciliés dans le pays, et qu'une grande partie de ces revenus sera affectée à des travaux nationaux, puisque la tendance générale du possesseur des titres de crédit est d'employer à des entreprises de même nature dans le pays où se font les paiements, l'excédent de l'amortissement sur le coût des titres, ainsi que les économies qu'il peut réaliser sur ses dépenses personnelles.

Il y aura, par conséquent, un emploi plus utile pour le pays des capitaux qui seront produits par des entreprises industrielles, ce qui me paraît très avantageux pour notre développement économique.

Il y aura également une diminution progressive de la demande de lettres de change pour le paiement de ces titres à l'étranger, et l'État en retirera un profit.

Pour tous ces motifs, j'espère que votre approbation pourra être accordée à la proposition de loi que j'ai l'honneur de vous présenter sur cette matière.

COLIS POSTAUX

Le décret du 10 décembre 1892, portant règlement du service des postes, établit que les colis postaux originaires du royaume continental ou des îles des Açores et de Madère, à destination de l'étranger, sont soumis au paiement des droits d'exportation.

D'après le tarif en vigueur, le droit applicable, dans le plus grand nombre de cas, est de 1,5 0/0 *ad valorem*.

A cette charge il faut ajouter le timbre correspondant, aux termes de la loi du 4 mai 1896, et l'émolument correspondant à l'expédition en douane selon le montant des droits.

D'après le total perçu pendant les cinq dernières années pour l'exportation des colis postaux, on voit que la moyenne annuelle est loin d'atteindre 2:000$000 reis.

Ce n'est certainement pas une part importante des revenus de l'État.

Nous pouvons donc envisager la question sous un autre point de vue spécial, sans nous préoccuper de préjudices quelconques pour le Trésor.

Depuis l'établissement de cette espèce d'expéditions par décret du 26 septembre 1882, on s'est efforcé, avec succès, de lui donner l'amplitude la plus grande et la plus avantageuse, en élargissant le service des permutations et en facilitant l'exportation des produits portugais.

Énumérer les conventions qui ont été faites avec divers pays serait acte de prolixité ; il suffira de mentionner, comme donnée importante, que la convention, déjà approuvée, pour l'établissement de ce service entre le Portugal et le Brésil, est sur le point d'être mise en vigueur, et ce en dehors des autres permutations auxquelles je fais allusion.

De telles conquêtes, qu'on peut ainsi dénommer sans exagération, sont atténuées dans leur portée et leur valeur, par les embarras et les exigences qu'entraîne l'expédition.

Lorsque les colis à expédier sont présentés dans les stations centrales des postes de Lisbonne ou d'Oporto, l'expédition en est facile et rapide ; mais lorsqu'ils proviennent d'autres localités, il est nécessaire de donner avis à l'expéditeur de ce qu'il a à payer, et ce n'est qu'après que l'expédition a lieu.

Il résulte de ces retards un grave inconvénient. Plusieurs colis restent en souffrance, et l'occasion favorable pour l'expédition est ainsi perdue ; cependant les préjudices ainsi causés pourraient être évités en détruisant des entraves qui rapportent fort peu au Trésor et causent à la nation de grandes pertes.

Il sera donné un plus grand essor à l'exportation des produits de notre industrie manufacturière, qu'il convient de protéger et de faciliter pour plusieurs motifs. Un des moyens consiste sans doute dans l'expédition des échantillons sans les retards et les frais auxquels elle est actuellement assujettie.

PROTECTION A LA MARINE MARCHANDE

Encourager le développement de la marine marchande portugaise est une question d'une portée tellement grande et évidente, qu'il serait inutile de l'exagérer.

Ce qui est avant tout indispensable, dans ce but, c'est de modifier quelques-unes des dispositions fiscales actuelles, qui ont pour effet de mettre la marine nationale dans des conditions de défaveur en comparaison de celles de la marine étrangère.

En même temps et pour des raisons semblables d'intérêt national, il convient d'apporter tous les soins et de faire tous les efforts possibles pour que notre industrie florisse et prospère, en lui en proportionnant les occasions et les moyens, de telle sorte que ses éléments de travail trouvent un plus vaste champ de liberté et d'activité.

L'importance naturelle du port de Lisbonne doit retirer de grands avantages des mesures qui seront prises en vue d'en faciliter l'accès, pour y attirer les navires qu'un régime de restriction fiscale détourne vers d'autres points où la tolérance est plus bienfaisante et par conséquent plus attrayante.

Une des mesures les plus urgentes pour atteindre ce double but du Gouvernement consiste à créer, en même temps que des établissements pour la reconstruction et la réparation des navires, des dépôts de matériel à cet effet, de sorte que les navires aillent y faire les réparations ou les altérations dont ils pourront avoir besoin, sans être obligés par la lourdeur des charges fiscales ou par l'insuffisance des ressources, à s'adresser à d'autres ports, à notre honte et détriment.

Sans plus de commentaires, qui seraient d'ailleurs inutiles, telles sont les bases de la proposition de loi que j'ai l'honneur de soumettre à votre considération.

DOMAINES NATIONAUX

Les dispositions des édits du 23 mai 1775 et du 7 mars 1791, du décret du 16 janvier 1837, du règlement du 28 juin 1842, et des décisions ministérielles du 10 novembre 1845, du 23 mars 1853, du 1er octobre 1860 et du 17 septembre 1862, sont restées sans effet par suite de la révolution opérée dans notre législation fiscale, administrative et civile, laquelle a non seulement supprimé ou substitué des stations et des personnalités officielles visées par ces dispositions, mais encore établi de nouvelles formes de procédure qui les ont rendues inutiles comme étant en contradiction avec les nouvelles prescriptions en vigueur. C'est pour ce motif que, depuis de longues années, le budget général de l'État n'inscrit aucune des recettes qui provenaient antérieurement de l'application de ces dispositions.

Les circonstances actuelles du Trésor ne permettent pas de laisser se perdre ou s'oblitérer ses droits et ses propriétés, quelle qu'en soit l'insignifiance, et par conséquent il incombe à l'État le devoir impérieux et indiscutable de prendre des mesures afin d'éviter la perte d'intérêts qui, malgré leur peu d'importance, peuvent concourir à alléger les sacrifices des contribuables et à diminuer les embarras du Trésor.

Il m'a paru également convenable que le prix de la rémission et de la vente des cens et des biens des couvents de religieuses supprimés depuis la promulgation de la loi du 4 avril 1861, soit converti en titres de la dette extérieure amortissable, afin d'augmenter ainsi indirectement l'amortissement de ces titres, et de contribuer à leur donner plus de valeur par suite du nouvel emploi qui leur est affecté par le projet.

Telles sont les considérations sur lesquelles se base la proposition de loi que j'ai l'honneur de soumettre à votre jugement éclairé et patriotique.

Le temps m'a manqué pour me permettre de vous présenter, dès à présent, d'autres propositions tendant à améliorer et à régulariser quelques-uns des services du ressort du Ministère des Finances, ce à quoi on travaille assidûment; mais il n'a pas été possible de terminer toutes les études indispensables. La contribution industrielle et celle du « real d'agoa » (sur les consommations) exigent des réformes, surtout cette dernière, dont le revenu n'a pas suivi le développement de la richesse publique, et qui est loin de rapporter ce qu'elle devrait raisonnablement produire. Le tarif des douanes demande aussi à être modifié pour faire droit aux réclamations justifiées de l'industrie et du commerce nationaux, comme l'a déjà reconnu un de mes illustres prédécesseurs.

J'espère que pendant la durée de cette session du parlement, je pourrai encore vous soumettre quelques-unes des mesures concernant ces questions importantes, qui seront le complément de celles que je présente maintenant, et que j'ai portées sommairement à votre connaissance.

CONCLUSION

Messieurs,

Nous devons en ce moment nous efforcer par tous les moyens de ne pas aggraver les charges du Trésor et de restreindre le plus possible les dépenses publiques, en supprimant celles qui ne sont pas indispensables afin de pouvoir faire face à celles dont l'urgence est reconnue. Il faut, tant que les recettes du Trésor ne permettront pas d'agir plus à l'aise, que tous prennent leur part des sacrifices que la situation nous impose, et qui sont nécessaires, afin que les recettes effectives et propres du Trésor soient suffisantes pour faire face à toutes les dépenses de l'État, en supprimant le superflu, et en ajournant ce qui n'est pas absolument urgent et obligatoire. Par les mesures que je propose, ainsi que par d'autres qui ont été déjà adoptées par les divers Ministères, je suis convaincu que nous obtiendrons des résultats fort appréciables, et que nous parviendrons à restreindre les dépenses et à augmenter les recettes, sans désorganiser les services publics ni aggraver la condition du contribuable, parce que cette augmentation sera puisée dans le progrès de la richesse publique, et, au moyen d'une surveillance attentive, tous contribueront aux dépenses de l'État dans la juste proportion qui échoit à chacun dans la distribution des impôts.

Perfectionner les méthodes de l'établissement des contributions, en évitant les abus qui existent au détriment du Trésor et l'injustice relative envers les contribuables honnêtes et zélés dans l'accomplissement de leurs devoirs, est et continuera à être la règle de ma conduite, et le Trésor en profitera par l'augmentation de ses revenus. Le service de la perception des impôts a eu une part égale de mon attention, afin que le Trésor puisse recevoir sans retard tout ce que le contribuable paye, comme c'est absolument nécessaire à la bonne gestion des deniers publics.

Mais il ne suffit pas de s'occuper du présent, il faut aussi penser à l'avenir, attendu qu'on ne doit pas compter, pour solder les dépenses sans causer de graves préjudices au pays, sur les ressources extraordinaires provenant d'emprunts ; car il en résulterait de nouvelles charges pour le Trésor, alors que les charges actuelles sont déjà considérables.

Lorsque toutes les économies possibles auront été réalisées dans les différents services de l'administration publique, et toutes les dépenses auront été réduites au minimum, il faut compter que de nouveaux besoins, imposés par le progrès naturel des sociétés civilisées, se présenteront tous les jours, et qu'il faudra les prendre en considération, en créant dans ce but d'autres ressources si l'accroissement normal des revenus publics n'est pas suffisant pour faire face aux nouvelles dépenses.

Il est de même impossible de maintenir pendant longtemps la parcimonie dans les dépenses concernant les travaux nécessaires au développement économique du pays, parce qu'il résulterait de cette stagnation du progrès matériel, en comparaison des autres nations de l'Europe, une véritable rétrogradation. En effet, c'est rétrograder que de s'arrêter dans ces entreprises lorsque les autres nations marchent toujours en avant.

Notre réseau de chemins ordinaires est très incomplet, et il y a même des arrondissements qui n'en ont point. Les travaux des ports et des rivières, ainsi que l'assainissement des terrains exposés aux inondations, la mise à profit des eaux courantes qui se perdent sans utilité, les besoins agricoles et industriels, et les services pour l'encouragement de l'agriculture, de laquelle notre avenir dépend en grande partie, exigent encore des sommes importantes, que nous devrons trouver de préférence dans nos propres ressources, au lieu d'augmenter encore les charges permanentes du Trésor par de nouveaux emprunts.

Ce moyen n'est admissible que pour le complément du réseau des chemins de fer, lorsqu'il est subordonné à l'augmentation des recettes d'exploitation, parce qu'alors les charges sont satisfaites par les nouveaux produits, sans compter les bénéfices provenant du développement de la richesse publique, résultant de ces nouvelles entreprises.

C'est ainsi que l'on agit dans les pays bien administrés qui peuvent nous servir d'exemple, et dans lesquels, malgré une économie rigoureuse dans les services administratifs, on cherche dans l'accroissement du produit des impôts, remodelés fort souvent, sans recourir constamment au crédit, les moyens de faire face aux nouvelles dépenses que la civilisation exige, aujourd'hui plus que jamais. Notre pays ne peut pas se soustraire à l'entraînement général qui s'impose partout, et notre avenir dépend non seulement d'une amélioration de la situation actuelle, pour assurer complètement le paiement régulier de la dette publique et de toutes autres dépenses obligatoires de l'État, mais aussi de la préparation des moyens propres à favoriser le futur développement économique du pays, dont tout le monde profitera.

Les mesures que je vous propose tendent à ce but. On s'efforcera d'obtenir par un règlement nouveau de la comptabilité publique une surveillance aussi complète que possible de l'application des deniers du Trésor, de manière que les autorisations parlementaires ne soient pas excédées. Les économies votées seront donc réelles, et il n'y aura aucune augmentation de dépenses nouvelles sans qu'elles aient été reconnues et autorisées légalement. On obtiendra par ce moyen ce qu'on recherche depuis longtemps.

Les propositions relatives aux principales contributions directes produiront une augmentation de perception, par suite de leur meilleur établissement et de la surveillance à laquelle elle sera soumise, et elles permettront la progression du revenu de ces impôts, comme c'est le cas dans toutes les nations qui florissent, puisque ces contributions reposent sur des faits ou des actions de la vie sociale et sur le développement de la richesse publique.

Retirer des impôts en vigueur tout ce qu'ils peuvent produire sans injustice pour le contribuable, doit être, à mon avis, le principe de notre régénération financière, et il est aisé de voir comment cela est praticable, et même indispensable.

Afin de régulariser partiellement la circulation monétaire et de favoriser l'amélioration du change, je propose quelques mesures dont l'utilité est manifeste. Les finances souffrent beaucoup de la prime sur l'or, et tout ce qui tend à la diminuer facilitera par conséquent l'équilibre réel du budget; et j'espère qu'il résultera de l'exécution de la loi du 25 juin 1898, et de la consolidation de la Banque de Portugal par la diminution de la circulation fiduciaire, une amélioration considérable dans la situation du change et du Trésor.

Les mesures que je propose dès à présent sont simples, comme vous voyez, mais de réalisation facile, et les résultats que j'espère en obtenir sont aussi assurés. Il suffira d'avoir une bonne administration pour en recueillir de grands résultats. Ce qui est surtout le plus nécessaire, c'est d'observer invariablement les mêmes principes de surveillance rigoureuse des deniers publics, parce qu'on obtiendra ainsi une amélioration graduelle, mais sûre de notre situation financière, tout en inspirant plus de confiance aux nationaux aussi bien qu'aux étrangers, ce dont dépend principalement le rétablissement de notre crédit, si fortement ébranlé dans ces derniers temps.

Il est impossible de réaliser tout de suite et en même temps toutes les améliorations que notre système tributaire et la législation financière exigent, et c'est pour cela que j'ai procédé dans l'ordre qui me paraissait naturellement le plus propre à obtenir ce résultat progressivement et sans secousse. Les impôts directs méritaient la préférence; les modifications proposées sont d'une application facile, et des avantages appréciables en résulteront. Les mesures relatives au régime des impôts indirects, qui est très compliqué, et qui atteint des intérêts très divers et quelquefois opposés, viendront ensuite.

Les réductions des dépenses résultant du remaniement déjà effectué des cadres et des améliorations introduites dans les services divers, tant dans la partie continentale du royaume que dans les colonies, devront être poursuivies avec constance et fermeté, et elles compléteront notre progrès financier. Le Gouvernement ne négligera pas une matière si importante.

Messieurs, votre sagesse et votre juste appréciation de la situation du pays, suppléeront à l'insuffisance de ce travail, par lequel j'ai tâché de contribuer modestement au relèvement de notre crédit et à la bonne renommée du Portugal vis-à-vis des nations civilisées du monde.

Secrétairerie d'État du Ministère des Finances, le 16 mars 1899.

MANUEL AFFONSO DE ESPREGUEIRA.

IMPRIMERIE CHAIX, RUE BERGÈRE, 20, PARIS. — 8548-4-90. — (Encre Lorilleux).

IMPRIMERIE CHAIX, RUE BERGÈRE, 20, PARIS. — 8550-4-99. — (Encre Lorilleux).

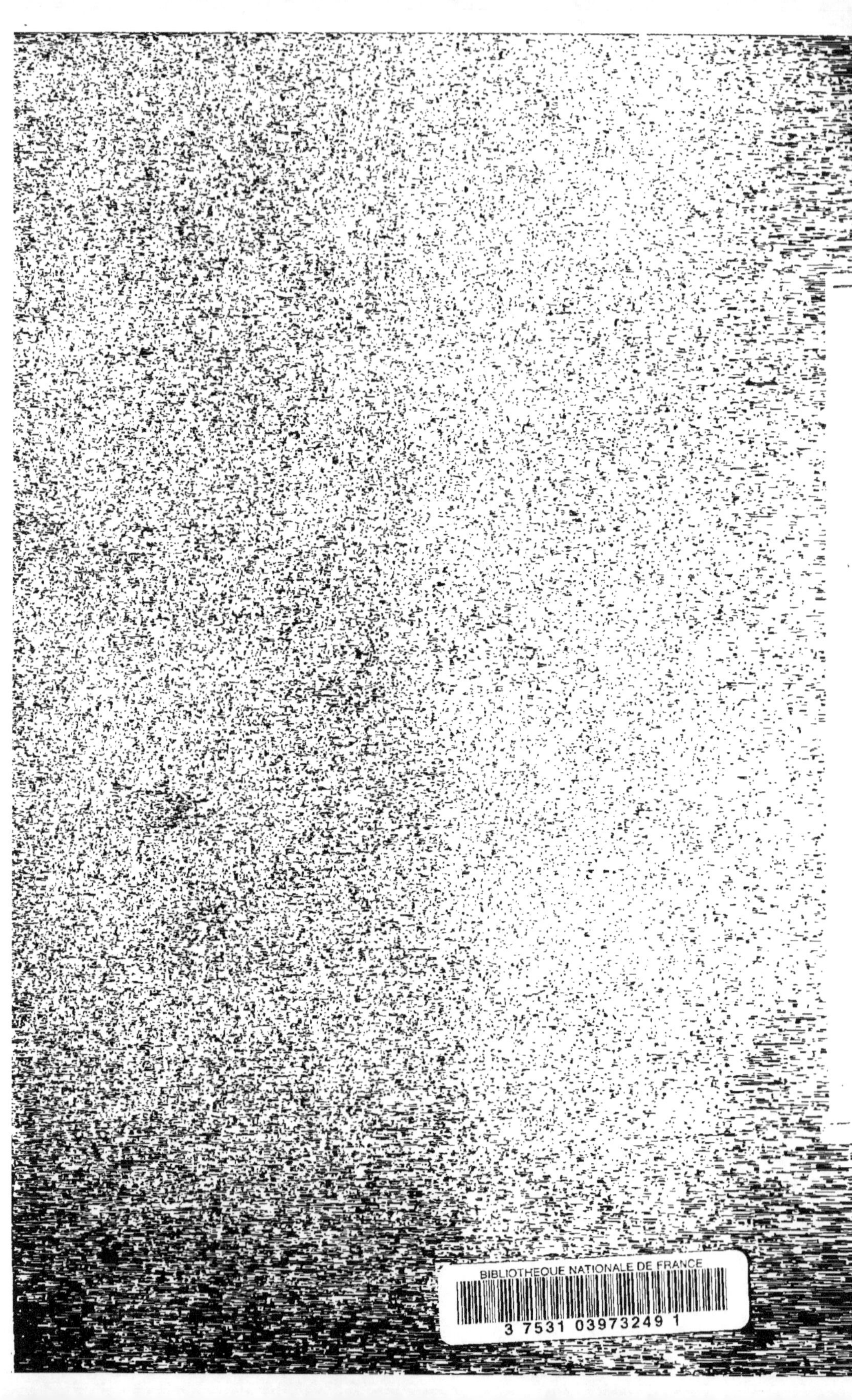
BIBLIOTHEQUE NATIONALE DE FRANCE
3 7531 03973249 1